무단히

현 대 수 필 가 1 0 0 인 선 Ⅱ · 40

무단히

안경덕 수필선

수필과비평사 · 좋은수필사

■책머리에

수필은 누구나 부담 없이 읽고, 마음만 먹으면 직접 쓸 수도 있는 가장 친근한 문학이다. 다른 영역의 문학이 영상매체에 밀려 신음하고 있는 중에도 수필 인구만은 날로 증가하여 바야흐로 수필 전성시대를 구가하고 있는 이유도 거기에 있을 것이다.

시대적 추세에 힘입어 수많은 수필전문지, 수필동인지가 창간되고, 이에 비례하여 신진 수필가도 날로 늘어나다 보니 이제는 그 많은 작가, 그 많은 작품 중에서 문학성 높은 작품을 가려 읽는 일이 쉽지 않게 되었다. 이런 현상은 작가에게나 독자에게나 결코 바람직한 일이 아니다. 더 나아가서는 수필을 연구하는 후세들에게도 큰 부담이 될 것이다.

이런 문제를 해결하는 데는 출판인도 마땅히 한몫을 감당해야 한다는 평소의 소신에 따라, 본사가 기꺼이 그 역할을 맡기로 했다. 그 첫 번째 사업으로 시대를 대표할 만한 수필가 100인을 선정하고, 작가가 자선한 40편 내외의 작품을 수록한 문고본을 발간하여 이를 널리 보급함으로써 그 소임을 다하고자 한다.

본사는 사명감을 가지고 이 사업을 추진해 나가기로 했다. 작가 선정을 전담할 편집위원회를 구성하고 전권을 위임하여 일체의 사적인 정실이나 청탁을 배제함으로써 전문성과 공정성을 확보해 나갈 것이다.

따라서 이 기획물 속에는 작가의 문학정신뿐만 아니라, 본사의 문학사적 기여 의지와 편집위원 제위의 수필문학에 대한 애정과 문인으로서의 양심이 함께 담겨 있음을 자부한다.

다만, 작가를 선정하는 기준에는 많은 견해의 차이가 있을 수 있고, 선정 과정에서도 미처 챙기지 못한 부분이 있을 것이라는 사실만은 인정하지 않을 수 없다. 이 점에 대해서는 관계자 여러분의 양해 있으시기 바란다.

이 시리즈의 발간 순서는 작가, 또는 본사의 사정에 의한 것일 뿐 그 밖의 어떤 기준도 적용하지 않았음을 밝힌다.

본 기획물이 시대를 초월한 많은 수필 애호가들의 관심과 애정 속에 우리나라 수필문학 발전에 한 이정표가 되기를 바랄 뿐이다.

본사에서는 이상과 같은 취지로 ≪현대수필가 100인선≫ 전 100권을 완간하여 큰 반향을 불러일으킨 바 있다.

그러나 우리 수필문단의 규모나 수필문학의 수준에 비추어 선정 작가를 100인으로 한정하는 것은 형평성이나 효율성 면에서 크게 부족하다는 의견이 많았고, 본사 또한 이를 통감하던 터라 기꺼이 ≪현대수필가 100인선Ⅱ≫를 발간하기로 했다.

본사의 충정에 찬동하여 출판에 응해주신 저자 여러분에게 진심으로 감사한다.

2014년 9월 일

수필과비평사 · 좋은수필사 발행인 서 정 환

현대수필가 100인선 간행 편집위원 박 재 식 최 병 호

정 진 권 강 호 형

오 세 윤

| 차례 | 현대수필가100인선 Ⅱ · 40

1_부 꿀단지

나의 문학 이야기 • 12
꿀단지 • 19
물독, 환생하다 • 24
첫발자국처럼 • 29
종이는 언어의 집이다 • 33
대숲 노래 • 38
날고 싶다 • 43
바람의 요술 • 48
환생 • 53
노을 품다 • 58

2_부 주홍 의자의 꿈

주홍 의자의 꿈 • 64
피아노 • 69
엄마는 복덩이 • 74
돈이 뭐길래 • 79
반짇고리 • 84
팽나무 그늘 • 89
빨간 벽돌 이층집 • 95
뿌리 • 100
태산목 • 105
그 겨울의 초록 스웨터 • 110

3_부 달빛 소풍

나는 한 송이 달맞이꽃이 된다 • 116
변한다는 것은 • 121
가지나무에 가지만 • 126
쌀 • 131
달빛 소풍 • 136
거울과의 대화 • 141
보리밭 • 147
무단히 • 151
봄 마중 나가는 개구리에게 • 156
꼬리에 꼬리를 물고 • 161

4_부 네바강의 얼음꽃

노천박물관 • 168
은행나무를 바라보다 • 173
네바강의 얼음꽃 • 178
슬퍼서 아름다운 섬 • 184
날지 못하는 새여 • 190
용골장의 소나무 • 195

▣ 작가연보 • 201

1부

나의 문학 이야기
꿀단지
물독, 환생하다
첫발자국처럼
종이는 언어의 집이다
대숲 노래
날고 싶다
바람의 요술
환생
노을 품다

나의 문학 이야기

나의 문학 이야기에서 빼놓을 수 없는 게 있다. 이십오 년 전 모 대학교 사회교육원 문예창작과에 수강등록할 때 일이다. 남편이 선착순이라는 신문 광고를 보고 인원이 마감되면 큰일이라도 날 듯 재빠르게 등록을 해 주었다. 가게 일로 둘 다 무척 바빴는데도 얼마나 서둘렀으면 내 번호가 사번이었다. 그전에 응모한 글이 더러 당선되어 소액이지만 상금도 서너 번 받았던 터였다. 남편은 내가 글짓기에 엄청 소질이 있는 줄로 믿었고, 바깥바람을 쐬라는 배려도 있었다.

봄바람이 살랑 부는 춘삼월, 첫 수필 강의가 있던 날이었다. 거리에 즐비한 가로수 가지마다 막 디밀고 나오는 새싹들이 나를 축복해 주었다. 전날 밤 설렘과 두려움에 잠이 오지 않았는데 그 긴장이 약간 느슨해졌다. 그래도 모두 낯선, 많은 수강생들 앞에서 자기 소개를 할 때 목소리가 많이 떨렸다. 겨우 이름 석자만 말하고 고개를 숙인 채 자리로 돌아오는데 누군가가 치맛자락을 잡았다. “어느 동네에 사는지는 말을 해야지요.” 라고 했다. 결혼 후 가장 화려한 외출인지라 가슴 벅참을 넘어 잔뜩 주눅이 들었던 모양이다.

그렇게 시작된 수필과 인연 맺은 세월을 사탕 까먹듯 한 해 한 해 까먹기만 했다. 그 수필이 나에게 무엇이었을까. 매주 한번 수필 수업을 받은, 십 년간 제삿날 빼고 결석한 적이 없었다. 이를테면 남편이 시골 시사에 참석하러 가고 없을 때도 가게 문까지 닫고 기어이 공부하러 갔다. 붓 가는 대로가 아닌, 내 마음 가는대로 했던 걸로 보아 수필의 늪에 깊숙하게 빠졌던 것이다.

해마다 새 달력을 처음 훑어볼 때 열두 달 내내 수요일에는 공휴일이 제발 없기를 바랐다. 수필수업을 못 받는 것이, 코에 바람 넣는 날이 줄어드는 게 아쉬웠기에. 오죽하면 〈수요일을 기다리는 여자〉라는 제목으로 글까지 썼을까. 일간지 여성문예란에 실린 그 글로 옛 벗과 해후의 기쁨을 안았을 때 마치 〈티브이는 사랑을 싣고〉라는 프로를 연상케 했다. 또 수필 때문에 마늘과 잔파 까는 일을 갑갑해 했고, 목욕탕에서까지 느긋하지 못했다. 어느 누가 글을 꼭 써야 된다고 채근하지 않았는데도 수필에 빚진 양 늘 자유로울 수가 없었다.

언젠가 지인이 왜 그토록 수필에 목을 매느냐고 물었다. 그때 퍼뜩 대답한 것은 내가 할 줄 아는 것이 수필뿐이라고 했다. 문학, 서예, 그림, 한문, 음악을 두루 섭렵한 그가 나를 답답하게 생각하는 것은 너무도 당연하다. 그는 그래서 더욱 더 다방면으로 부지런하고 폭이 넓은 생각이며, 배려심이 남달리 많은지도 모른다.

그동안 수필 쓰는 것에 대한 자부심과 긍지가 컸다. 그 덕으로 문학에 조금 더 가까이 다가간 것과 수필로 공유하는 문우들을 만난 걸 행운으로 여겼다. 비록 어줍은 글이지만 바쁜 시간을 쪼개서라도 틈 내어 그들과 함께 시립 미술관과 시립 박물관, 해양 박물관의 수강을 돌아가며 참여 했고, 다양한 문화를 접하느라 여러 곳의 유적답사와 문학기행에 수없이 발품을 팔았다. 그 밖에도 각종 전람회, 갤러리, 영화관, 공연장, 역사관을 자주 기웃거리게 됐다. 이 또한 수필을 쓴 덕분이 아니었겠는가.

문제는 수필 한 편 한 편이 그냥 얻어 지는 게 아니라는 거였다. 정말 어렵고 까다로운 것이 수필 쓰기인 것 같다. 소설은 허구도 가능하며 언어구사도 스펙트럼이 매우 광범위하다. 시는 시적 허용도 있지만, 수필은 소재와 구성은 자유로우나 제한이 많다. 자기 체험을 바탕으로 진솔하게 써야 한다. 사색과 철학이, 감동과 해학이, 문학성이 있어야 좋은 수필이라고들 한다. 하지만 어느 것 한 가지도 마음먹은 대로, 그 바람대로 잘 되지 않는다. 수필 창작이 나에겐 참으로 버거운 작업임에 분명하다.

"일도삼례一刀三禮"라는 말이 있다. 석공이 예술 작품을 조각할 때 한 번 깎고 세 번 절한다는 의미이다. 비록 하나의 돌이라도 석공이 산파의 칼을 들면 돌과 석공은 일체가 된다. 석공의 피가 흐르고 돌의 호흡이 석공의 가슴에 와 뛴다. 적어도 우리의 조상들은 그 자세와 신앙의 힘으로 살아왔다.

위의 인용문은 스님 수필가 조오현이 쓴 〈석가탑의 悲戀〉이란 제목의 글 중에 첫 문단이다. 일도삼례一刀三禮의 정성으로 쌓아 올린 석가탑, 그래서 천삼백 년의 긴 세월 동안 묵묵히 그 자리를 지키고 있을 것이다. 그 탑을 볼 때마다 석공의 공이 크다는 것을 탑이 말해 주는 것 같았다. 오랫동안 사랑 받고 있는 고전문학들도 석가탑과 마찬가지로 작가의 고뇌와 정신이 깃든 산물이다. 우리도 수필을 쓰고자 하는 절실함이, 문장의 완성도를 높이기 위한 노력이 탑을 쌓는 석공의 그 투철한 장인 정신을 절반이라도 본받아야 이루어지리라.

작가 신달자 선생은 글 앞에서 무릎을 꿇어야 작품이 탄생된다고 했다. 또 조지훈 선생도 〈승무〉시에서 한 시구의 묘사를 위해 몇 달간 수 차례나 먼 거리의 공연장을 찾아가 승무를 관람했다고 한다. 그만큼 온 마음을 줄 때 비로소 문리가 트인다는 뜻인 듯하다. 어느 수필가는 몇 십 번의 퇴고로 편편마다 글을 외울 정도였다고 하니 그의 대단한 의지가 무지 부러웠다.

나의 스승인 유병근 선생은 마애불을 석공이 돌을 쪼아 다듬은 것이 아니고, 마애불 스스로가 돌에서 걸어 나와 서 있거나 앉아 있는 것이라고 했다. 이슬비는 구름의 비듬이라고도 하고, 도시의 네온사인이 하늘의 별을 따먹고 별 흉내를 내고 있다고도 했다. 또 탄생을 알리는 새 범종의 첫 소리를 첫날밤 신부의 처녀막이 허물어지는 소리라고 담담하게 말할 때 크게 놀라웠다. 사물에 대한 비틀어 보기와 예리한 통찰력과 고도의 상상력을, 탁월한 은유를 들을 때마다 신선한 충격으로 와 닿았다. 아무리 글쓰기가 중학교 때부터 시작되었다고 하지만 그 높은 경지까지 닿을 수 있는지. 아득한 세월에 비례한 선생의 문학 정신계에 절로 고개가 숙여진다.

"문학은 사물을 꿰뚫어 볼 줄 아는 안목에서 싹이 튼다. 나만의 새로운 인식을 할 때 그 사물에 의미가 부여되고, 형상화를 이룰 수 있다."라고 선생은 누누이 일러 주었건만 거기에 조금도 부응하지도 체득도 못하니 그저 민망할 따름이다. 스승의 안목을 닮아 보겠다는 생각조차 안 해 봤지만 명강의들은 가슴에 고이 새기고 있다. 그 중에서 자랑, 훈계, 비하, 비문을 삼가는 것들을.

그러한 가르침에 사물을 몇 번씩 꼼꼼하게 관찰하는 습관을 가지게 됐고, 늘 강조한 간결한 문장이 되도록 무던히 애썼다. 흔히 '시집을 왔다', '시집을 갔다'라고 하는 표현을 몽똥그려 그냥 '결혼했다'로. 부모를 '원망한다'는 '야속하다' 정도로. 아무리 긴 문장이라도 서술어 높임의 '시'는 단 한 번만 쓰는 것으로. '정직은 하되, 정확하지 마라' 연도와 날짜, 시간의 숫자를 세세하게 쓰지 않는 것들을 항상 염두에 둔다.

나는 글 한 편 초안을 잡는 데 몇 날이 걸린다. 가령 '토마토가 나를 쳐다본다. 말을 걸어온다. 책장의 책들이 파도타기를 하며 응원한다.'는 식으로 어떤 사물이 말을 걸어오면 작품 구상이 시작된다. 가슴에 소재를 오래 품었을 때 마음만 먹으면 문장이 물 흐르듯 될 것 같은 데도 순조롭지가 않다. 의도한 주제에서 벗어나기도 하고 낯설기와 거리가 먼, 즐겨 쓰는 어휘의 틀 안에 갇힌다. 문장 속도가 거북이 걸음이면서 실타래처럼 엉킨다. 마음에서 원하고 있는 낱말이 떠오르지 않을 때와 제자리에 앉힐 때도 쉽지가 않다.

또 열 번 스무 번도 더 필독해야 한 문장에 중복된 단어, 이어진 조사가 보이고, 또 맞춤법, 띄어쓰기, 문장부호, 연결어미가 틀린 곳이 눈에 들어온다. 그게 끝이 아니다. 다시 시제와 문장성분이 맞는지 따져 보고, 구성도 바꿔 보고 단락 이음은 자연스러운지, 주제가 선명한지, 일관성이 있는지, 설명만 나열했는지, 호응관계가 제대로 됐는가를 파악하게 된다. 여기에 몇 달 후나 아니, 일 년 후 다시 봐도 한 문장을 솎아내야 하는 건 보통이지만, 한 문단을 뭉텅 들어내는 사태까지 생긴다. 또 자잘한 곁가지를 쳐야 할 곳과 살을 붙일 곳도 여러 군데 있다. 곰삭히는 포도주처럼 글도 두고두고 퇴고를 했을 때 언어 순화가 되고, 군더더기가 없어진다. 하지만 내 글에 오류가 없다고는 못한다. 다만 틀린 데가 없기를 바라며 마음을 다할 뿐이다.

그러면서 저마다의 삶이, 개성이, 취향이 다른 것처럼 수필 작법도 다를 뿐이라고 핑계를 대며 수필의 끈을 놓지 못한다. 수필 창작이 삶을 뒤돌아 보게 하는 인생 공부이고, 지식이 아닌 감성과 느낌으로, 따뜻한 가슴으로 쓰는 문학이라 어느 장르보다 더 사랑할 수밖에 없어서다.

하여 여정勵精이 될 때까지 수필의 숲에서 헤매고 싶다. 그러고 보면 문학은 돈으로 환산할 수 없는 심오한 것임에 틀림없다. 어쨌든 수필 사랑은 내게 늘 숨찬 대상이지만 앞으로도 계속될 것이다.

꿀단지

어릴 때 꿀을 큰 밥숟가락으로 한 술 푹 떠먹어 보는 것이 소원이었다. 빛이 흐르는 꿀을 입 안 가득 넣고 꿀꺽 삼킬 때 오는 달콤한 맛이 상상되어 나무 선반을 바라보았다. 꿀단지는 할머니 방 귀퉁이의 나무선반 위에 얌전히 모셔 두었다. 하루에도 몇 번씩 꿀단지를 쳐다봤는지 모르겠다. 말 그대로 그림의 떡이었다. 할머니는 가끔 아버지가 몸살이 났을 때 뜨끈한 물에 꿀을 타서 마시도록 했고, 당신이 꿀에다 떡을 꼭꼭 찍어 드셨다. 어쩌다 딱 한 번 할머니가 떡에 묻혀준 꿀을 먹어 봤다. 꿀단지를 볼 때마다 그 달달했던 기억이 절로 입맛을 다시게 했다.

어느 날 꿀단지 때문에 웃지 못할 일이 벌어졌다. 어른들이 집을 비운 틈을 타 내가 동생들을 불러 모아 모의했다.

꿀단지를 내려오자는 것이었다. 동생들에게 달콤한 꿀맛을 상기시키며 사뭇 비장하게 말했다. 하나 선반은 눈으로 보기보다 높은 곳에 있었다.

처음에는 베개 두 개를 포개 놓고 올라 서 보았으나 어림도 없었다. 그 다음 이불과 베개로 삼층탑을 쌓았다. 그 위에 내가 조심스레 올라섰지만 베개가 으그러져 꿀단지에 손이 닿지 않았다. 급기야 두 남동생에게 나란히 무릎을 꿇어 엎드리게 했다. 동생 등에 발을 한 쪽씩 딛고 올라섰다. 동생이 움찔해 가슴은 콩을 볶듯 뛰었고, 다리는 바람 부는 날 나뭇가지처럼 흔들렸다. 그래도 버티며 팔을 뻗었다. 꿀단지가 손에 만져졌다. 기쁨의 미소를 흘리며, 꿀단지를 두 손으로 움켜쥐고 거의 성공적이라고 생각했다.

그것까지는 좋았다. 한 발 내려놓는 순간 다리가 후들거려 그냥 넘어지고 말았다. 꿀단지는 방바닥에 나뒹굴 사이도 없이 와장창 박살이 났다. 맛있는 꿀을 훔쳐 먹겠다던 야무진 꿈도 조각난 옹기 신세가 됐다. 겁먹은 우리의 눈길이 쏟아진 꿀과 깨진 사금파리가 범벅이 된 곳에 내리 꽂혔다.

그 일로 어른들께 호되게 야단을 맞고 꿀에 대한 동경은 절여진 배추처럼 팍 수그러들었다. 하지만 꿀이 어른들 것이라고 간주해 버리기엔 뭔가 억울하다는 생각이 들었다. 꿀을 향한 내 짝사랑을 좀처럼 잠재울 수가 없었다. 그 미련과 아쉬움이 가슴 속에 쫀쫀한 꿀이 되어 누룽지처럼 눌어붙어 있었다. 까만 꿀단지가 반질반질한 윤기로 마음을 여전히 끌어 당겼다. 하지만 두 번 다시 꿀단지를 내려올 용기와 엄두가 나지 않았다.

꿀이 건강에 좋은 것은 두메 한 짝 안에 든다. 우리 생활에 꼭 필요하더라도 대부분 양면성이 두드러진다. 이를테면 불과 물처럼 말이다. 꿀이란 단어는 극강의 긍정 의미로 대개 쓰인다. 지구상에서 상하지 않는 유일한 식품이라고 전해지고 있는 걸 봐도 그렇다.

부대끼는 속을 꿀물이 매끄럽게 다스려 준다. 입맛에 딱 맞는 음식을 꿀맛이라고 하고, 푹 달게 자고나면 꿀잠을 잤다고 일컫는다. 신혼부부를 허니문이라고 비유하고, 좋은 일이 있어 얼굴에 윤이 날 때 꿀이 흐른다고 표현한다. 꿀은 쫀득하고 달콤한 성분뿐만 아니라 영양도 높다는 인정을 받는다.

해마다 지인의 시누이 집 꿀을 몇 단지 산다. 완전 토종은 아니나 깊은 골짜기에서 한 양봉이라 프리미엄 꿀이다. 꿀은 감기에 특효약 같다. 갈아서 꿀에 절여 놓은 생강이나 모과를 뜨거운 물에 타서 하루에 몇 번씩, 며칠 먹고 나면 감기가 슬그머니 달아나고 없다. 그만큼 산골의 맑은 공기, 바람, 햇빛이 효능을 더해 준다. 거기에 양봉인의 노고와 땅심의 기운도 꿀이 차지도록 하는데 일등 공신일 테다.

단 맛에는 반드시 유혹이 내재된다. 그 때문에 꿀단지 소동도 일어났다고 본다. 꿀의 쓰임이 많은 것도 단맛의 유혹 때문이 아닐까. 꿀은 먹는 것 말고도 여유로운 사람은 피부에 좋다며 얼굴에 마사지도 하고, 머리카락에 탄력을 준다고 즐겨 쓰기도 한다. 음식에 넣는 매실 진액도 단맛의 대명사인 설탕 칠갑이다. 그러다 보니 몸이 단 것을 거부할 수 없게 된 것 같다.

단지를 나열하자면 솥단지, 장단지, 양념단지, 꿀단지, 약단지, 술단지다. 내게 이 단지들은 각각 그 내용물이 담긴, 귀한 것을 의미한다. 모두 중요하고 요긴하게 쓰인다. 그 중에서 선망의 대상이었던 꿀단지가 더 살갑다. 꿀단지는 내 꿈과 쓰라린 아픔이, 아름다운 추억이 간직돼 있기 때문이다. 나도 모르게 꿀을 한 스푼 떠먹어 본다. 아련한 그리움의 맛이다. 우리는 귀한 물건을 보물단지라 부르고, 빈틈없이 야무진 사람에게 차단지라고 이름을 단다. 울보에게는 눈물단지라는 별명을 붙여주고, 부모애를 태우는 자식을 애물단지라 말한다. 그런저런 이유로 단지는 속이 꽉 찬 것이기도 하고, 애틋한 것이기도 하다.

감언이설과 사탕발림에 넘어가 본 경험은 누구나 한번쯤은 있지 않을까. 쓴맛과 쓴 소리는 몇 번이나 곱 씹어 보지만 단맛, 단말에는 의심의 여지없이 받아들인다. 세상사는 짜고 쓴데 어째서 단음식과 단말을 더 좋아 하는지. 단맛이

지나치면 건강에 해롭고, 단말에 진실이 묻히는데도. 무심하고 무덤덤하게 보낸 시간들, 어쩌면 그것들이 삶을 느슨하게 해주는지도 모른다. 늘 작정해서 단꿈만 추구한다면 숨이 막히지 않겠는가. 몸에 이로운 쓴 약과 몸에 약이 되는 쓴 음식을 더 가까이하고, 진정으로 해 주는 쓴 소리에 귀 기울여야겠다.

할머니는 꿀을 꼭 필요할 때 쓰기 위해, 꿀단지를 높은 선반 위에 얹어 두었던 모양이다. 키가 큰 어른들 것이라고만 생각했던 그 철없었음이 새삼 부끄럽다. 나도 옛 어른들의 지혜를 닮아 보려고 한다. 꿀이 손쉬운 곳에 있으니까 꼭 넣지 않아도 될, 차나 음식에 습관처럼 쓰게 된다. "꿀단지야 가끔 만나자"라며 단지를 찬장 안쪽으로 쑥 밀어 넣는다. 꿀단지는 절대 제 자리를 내 줄 수 없다며 엉덩이로 뻗댄다. 나는 단맛으로 쫀득쫀득 꼬득이지 말라며 애먼 꿀단지에 구시렁댄다.

눈에서 멀어지면 마음에서도 멀어진다는 말처럼 꿀단지와 나 사이가 그래 되겠다. 내 사랑 꿀단지, 정말 미안하다.

물독, 환생하다

낯익은 회갈색 독은 마루의 분위기를 은은하게 만든다. 낮은 키에 품이 둥그스름한 물독이 볼수록 더 친근하다. 이 독은 어느 날 포실한 햇볕을 분에 넘치도록 안고 대문 앞 골목에 음전하게 앉아 있었다. 오래전 나와 생이별한 그 물독을 다시 만난 듯해 반가웠다. 독을 샤워기로 씻어서 새 식구로 맞아들이자 마루를 지키던 화분의 난蘭도 이파리를 오소소 떨었다. 그 예민한 떨림은 독을 친구로 삼겠다는 무언의 약속이었다.

동그랗고 단단한 유리로 독의 너른 전두리를 막아 주었다. 멋진 테이블이 됐다. 색깔 고운 천으로 덮개를 만들어 씌울까 하다가 투명한 유리를 그대로 두었다. 수더분한 독은 토속 이미지의 동양란과 잘 어울린다. 난은 텃새라도 하는지 기가 살아난다. 독이 데리고 온 포근한 햇볕을 다 차지하고 이파리를 꼿꼿하게 추켜세우며 뽐낸다. 햇볕은 눈치를 채고 독으로 건너가 얌전히 앉는다. 독이 함치르르해진다.

내 가슴에는 이보다 더 큰 물독 하나가 자리하고 있다. 시가에 있었던 아삼아삼한 물독이다. 나와 그 물독과는 오랫동안 동고동락하던 사이였다. 내가 도시로 분가해 온 이후, 시가에 상수도를 들였다. 그때 시어머니는 딸처럼 애지중지하던 물독을 도시 어느 집으로 시집보냈다. 그 물독이 어떤 연유로 이렇게 거리에 내몰린 신세가 됐는지. 어쨌거나 내게 위무받고 싶어 이 독으로 환생해 우리 동네를 물어물어 찾아왔나 보다. 시가에도 그 동네 처음 상수도 공사가 시작됐을 때, 진즉 상수도를 설치했다면 물독과 이만큼 깊은 정이 들지 않았을 것이다.

그 새 주인이 물독에다 그동안 무거운 물만 담았을까. 그로 인해 키가 작아진 모양이다. 오는 길에서 때로는 뒤뚱거리다 넘어져 구르기도 하고 절름거리기도 했을 것이다. 몇 군데 파인 옴팍한 홈과 불퉁한 혹은 설움을 견뎌낸 흔적이리라. 나 역시 비틀거린 삶이 주고 간 상처로 가슴이 파이고 옹이가 도드라졌다.

그 물독은 허구한 날 부엌 지킴이마냥 살강 귀퉁이의 아래에 턱 버티고 서 있었다. 시집살이에 얽매였던 나와 같은 처지였다. 내가 갑갑해 심드렁해 있으면 물독은 함박웃음으로 위로해 주었다. 눈물인지 물인지 온몸에 젖어 있는 물독을 나도 마른 행주로 꼭꼭 눌러 닦아 주었다. 둘이서 남몰래 새긴 정이 꽤 깊었다.

집에서 제법 먼 거리에 있는 우물물을 내가 머리에 여다 날랐다. 큰 물독 가득 물을 채우기가 참으로 고역이었다. 하여 물독의 물을 퍼내어 쓸 때는 도둑맞는 기분이 들었다. 술술 줄어드는 물을 보면 내 마음도 조청처럼 졸아드는 기분이었다. 식구들이 허투루 쓰는 물 한 바가지를 야박하게 정으로 저울질하기도 했다. 물이 간당간당할 때는 더 그랬다.

처음 몇 달 동안 물을 머리에 이고 다닐 때 내 몸이, 출렁거리는 동이의 물 따라 흔들거렸다. 그 물을 잠재우느라 박바가지를 물 위에 얹어 띄웠다. 정수리에는 짚으로 엮은 똬리를 얹어 물동이에 받쳤다. 그래도 물동이의 물은 여전히 일렁거렸고 내 마음도 서툰 시집살이처럼 출렁거렸다. 물이 내 마음이었던 것이다.

홑몸이 아니었을 때 인정도 품앗이라고 식구들이 가끔 물을 길어다 주기를 은근히 바랐다. 그 기대가 실망으로 바뀌어 더러 눈물 바람을 날렸다. 물독이 옹졸한 나를 빤히 쳐다보았다. '늘 무거운 물을 안고 뽀송할 날이 없는 나도 있지 않느냐.'라고 일갈했다. 마치 어머님이 내리는 불호령 같았다. 어쩌면 물독이 어머님이었는지도 모르겠다.

장독대에서 푸른 하늘, 해, 달, 바람과 수런거리며 태평

성대를 누리는 장독들도 있었다. 소금 · 간장 · 된장 · 고추장 · 김치 등의 짠 것만 들어 있는 것, 갖가지의 마른 잡곡이 들어 있는 것이 각각 달랐다. 사람마다 할 일과 씀씀이가 다른 것처럼. 물 긷는 일은 내 몫이었다. 그래서 내가 길어 온 물로 많은 식구들이 먹고 씻는, 식구들과 정을 잇는 수단으로 삼게 됐다. 아울러 둥글게 품고 아낌없이 비워내는 물독을 닮으려고 애썼다. 그 후 물독을 채우는 일이 그렇게 버겁지만은 않았다.

머리에 인 물의 흔들림이 차차 잠잠해지자 팍팍했던 시집살이도 한결 수월해졌다. 그리고 물 위에 띄웠던 바가지도, 정수리에 인 똬리도 물동이와 이별시켰다. 다리도 후들거리지 않았다. 가슴에는 두레박으로 퍼내도 끝없이 퐁퐁 솟아나는 샘물처럼 사랑이 차올랐다. 그 사랑은 우물에 잠긴 내 시름과 두레박 끈에 매달린 설움을 달아나게 해 주었다. 그게 좋아 우물에 떠 있는 푸른 하늘과 둥근 달을 만나러 가는 시간이 기다려졌다.

할머니가 어머니에게 물동이를 물려 주면서 고부간에 이어갈 정을 대물림했다. 어머님도 내게 물동이에 정을 가득 담아 물려 주었다. 위로 거스르지 않는 물의 원리처럼 나도 기꺼이 물동이의 주인이 됐다. 물독에 물이 어중간할 때는 새 물을 길어 와 남은 물에 덧보탰다. 물은 각을 세우는 일 없이 금방 화합했다. 날마다 가벼운 양동이에 무거운 물을 한 두레박 한 두레박 힘들게 길어 올려 채우듯 나 역시 더디게 물처럼 유연해져 갔다. 하루에 열 동이가 훨씬 넘는 물을 거뜬히 길어 나를 수 있었던 것은, 물을 채울 때 물독이 내 꿈도 함께 채워 주었고, 비워낼 때는 삶의 무게도 함께 덜어내 주었기 때문이다.

그때 물을 많이 인 탓일까. 내 정수리가 남들보다 훨씬 옴팍하다. 정수리의 홈에 손이 자주 간다. 남편이 가끔 그 홈을 다독여 준다. 이 독도 나를 위로하는지 더욱 반들반들 윤을 낸다. 어쩌다 독에다 꽃을 담아 놓으면 아롱다롱한 꽃밭이 되고, 책을 넣으면 소박한 책장이 된다. 손님이 왔을 땐 멋진 찻상으로 변신했다가 내가 글을 긁적일 때는 든든한 책상으로 한몫한다. 가끔은 울적한 내게, 제 모양대로 방글방글한 미소로 안기고, 불룩한 배를 쑥 내밀며 쓰다듬어 달라고 어리광을 부린다. 등 따습고 배부르다는 애교 같아 밉지 않다. 내가 꼽꼽한 물기 있는 수건으로 배를 살살 문질러 주면 마냥 좋아한다.

이심전심으로 교감을 나누는 이 독에 애정이 담뿍 실렸다. 독은 시집살이의 애환이 서려 있는 예전의 그 물독이 환생해 왔음에 틀림없다. 독도 내말이 맞다며 환한 표정을 짓는다. 이제 팔십 중반이 넘은, 느긋해지신 어머님의 잔잔한 미소 같다.

첫발자국처럼

누구나 연륜을 같이하는 물건이 있을 것이다. 내게도 결혼과 동시에 가진 물건이 몇 가지 있다. 네모난 상자로 반듯하고 색상이 아주 선명하던 반짇고리와 윤이 나던 스테인리스 세숫대야다. 지금은 둘 다 오랜 시간을 말하듯 낡아 볼품없다. 반짇고리는 사방 모서리에 흠집이 생기고 손때가 짙게 묻었다. 대야도 밑바닥에 새긴 밝고 또렷한 꽃문양이 오래된 기억처럼 희미해졌다. 나를 닮았다. 내 발자취이다. 이젠 그것들을 내 곁에서 밀어내고 싶지만 묵은 애정과 추억이 보듬게 한다.

세월은 비켜가지 않는다. 이를테면 스테인리스 수저와 그릇 등이, 잃어버린 시간과 함께 색이 바래지거나 닳아지면서 나이를 먹는다. 해마다 새 물건이 쏟아지고 있다. 신

제품들이 예전 것에는 세월의 옷을 한 겹씩 덧입혀 준다. 저절로 뒤로 밀리는 것, 순차적으로 자리를 내어 주어야 하는 것은 어쩔 수 없이 자기만의 발자취를 남기게 되는 것이다.

무엇이든 퇴색되어 가는 것엔 세월이 만들어낸 슬픔이 깃들어 있다. 그나마 세월이 흐를수록 덕을 보는 것도 있다. 문화유산이 될 진기한 골동품이다. 그것에는 시간의 무게가 고스란히 실려 있다. 진정한 가치는 다분히 그 자체로 역사다. 선조들의 장인 정신과 발자취다. 골동품은 감정사의 눈으로 세밀히 관찰하여 가치를 짚어낸다. 물론 온갖 자료에 의해 시대를 조명해 내겠지만. 하나 일일이 사물의 나이를 알아내는 것은 순전히 감정사의 몫이 아닌가. 그들은 세월이 남긴 수천 년 역사의 발자취를 헤아리는 안목은 충분히 가지고 있다. 범상치 않은 눈에 수만 가지의 역사가 들어 있는 게 분명하다.

어느 곳보다 문화유산이 많은 곳이 경주다. 길 하나를 사이에 두고 현대와 고전이 맞물려 있다. 그곳에서 유물을 볼 때, 생각이 흩어지기 십상이다. 그래서 천년세월의 발자취를, 시대별 배경이 된 책에서나 영화에서 본 것과 접목시켜서 이해를 돕기도 한다.

몇 백 년을 훌쩍 넘은 고택과 고찰, 석탑과 마애불은 무거운 세월을 이고 있다. 오랜 세월 동안 풍화작용을 견뎌내고 민족의 순후한 얼 또한 오롯이 안고 있다. 봐 달라고 뽐내지도 않건만 그 앞에 설 때마다 움츠러들고 숙연해진다. 가슴 한 구석이 서늘해 오면서 이런 보물 옆에 나도 석고상마냥 긴 시간 함께 서 있고 싶다. 고택 지붕 위의 와솔처럼 비와 바람을 온몸으로 맞으면 내 안에 든 세파의 때가 씻겨질 것만 같다. 아니, 천 년 전의 신라인으로 돌아가 순박하게 살아갈 것만 같다.

그러한 염원을 안고 있는 때문인가. 울적하거나 엉킨 일로 머리가 복잡해지면 경주에 가고 싶어진다. 할머니 마음 같은 편안한, 곡선이 아름다운 고분들 앞에서 세월이 주는 푸근함을 원 없이 안아 보고 싶다. 그러다 보면 잠시나마 옛 사람이 되어 마음이 부자가 될 것이다.

발자취는 뒷모습이다. 표정을 바꿀 수 있는 것이 앞모습이라면, 어느 것도 숨길 수 없는 것이 뒷모습이지 않은가. 가장 솔직 담백한 것 중 하나가 뒷모습이다. 흔히들 훌륭한 일이나 어려운 일을 거뜬히 해 낸 사람을 '후광이 비춘다.'라고 한다. 그만큼 뒷모습에서 품성과 인격이 나타난다는 뜻일 테다.

의관을 갖춘 사람이 폭신한 의자에 등을 기대지 않고 장시간 꼿꼿이 앉아 있는 것을 보았다. 깔끔한 의복의 뒤를 구기지 않으려는 것이 이유였다. 그는 앞보다 뒤를 더 중시여기며 정갈하고 반듯한 이미지를 지키고 싶은 모양이었다. 항상 깨어 있는 그의 정신세계, 그 고삐를 잠시도 늦추지 않는 그를 보니 순백의 눈밭이 떠올랐다. 김구 선생은 눈에 찍힌 자신의 발자국은 뒤따라오는 사람에게 통로도 될 수 있고, 지름길도 될 수 있고, 이정표도 될 수 있다고 했다. 그 발자국도 뒷모습이다.

하얀 눈 위로 한 발 한 발 걸을 때 짐짓 마음이 가다듬어진다. 경사진 곳이나 웅덩이는 피해서 돌아간다. 눈길에서 첫걸음을 내딛는 그 마음가짐으로 살면 뒷모습이 충분히 아름답지 않겠는가. 그리 되기를 간절히 소망해 본다.

종이는 언어의 집이다

한지공예를 이십 수 년 해온 벗이 있다. 그는 한지 만들 때 드는 공을 잘 안다. 그래서 한지 한 장을 쓸 때마다 아주 조심스럽다고 한다. 한지공예는 창의력과 성정이 담긴 귀한 제품이라는 말을 덧붙인다. 종이는 누구의 손을 거치느냐에 따라 변신의 달인이 되고, 창작의 원천이라는 것도 말해준다.

예전에는 짐을 멜빵으로 진 창호지 장수가 시골 동네에 집집이 다녔다. 집안 대소사 때, 명절 때 문을 새 창호지로 단장하는 게 손님에 대한 예우였다. 문은 그 집의 얼굴이지 않은가. 어머니는 창호지를 여분 있게 샀다. 고운 보자기에 싸서 족보가 들어 있는 큰 가죽 가방에 함께 넣어 두었다. 아버지가 제사 때마다 한지에 축문과 지방을 썼다. 겨울에는 방방의 문마다 문풍지를 달았다. 황소바람을 막아주는 문풍지가 커튼 구실을 충분히 했다. 창호지의 위풍당당함은 따르르 몸을 떠는 것으로 보여주었다. 그 떨림이 결코 바람의 속도에 뒤지지 않았다.

나는 언제부턴가 신문 속의 광고지를 분리하는 버릇이 생겼다. 백화점 세일광고나 아파트 분양광고, 학원 수강 광고지는 대부분 양면이 천연색이고 두껍다. 오목한 보시기 모양으로 접어 식탁에 놓고 생선 가시나 풋고추 꼭지 따위를 담는다. 요긴하다. 또 오래전에는 종이학을 접었다. 종이에 정성을 담으면 종이가 고고한 학으로 변하여 생기가 돌았다. 내 마음도 새가 되어 날았다.

종이 한 장에 담긴 광고에서 음식 맛이 느껴지고, 자동차의 속도가 상상된다. 자연 속의 바람 소리도 들리는 것 같고, 햇살이 따사롭게 느껴진다. 그리고 한 점 그림에서 맑은 창 안에 있는 훌륭한 정물화의 리얼리티에 파리가 앵앵거리며 날아들었다는, 새가 지저귀며 쪼아대다가 창에 부딪쳐 죽기도 했다는 설이 있다. 조선시대 때 어진화의 작은 점을 보고 의원이 임금의 병을 짚어냈다고 전해진다. 그림에 과일이나 얼굴을 생생하리만큼 사실적으로 나타냈던 것이다. 종이에 화가의 섬세함이 생명력을 불어 넣은 셈이다. 종이가 죽고 사는 것은 사람 손에 달린 것 같다.

한쪽이 하얗게 비어 있는 광고지는 까치밥을 남겨둔 감

나무의 정처럼 반갑다. 내겐 글 쓸 때 초안을 잡는데 연습지가 되고 필사지도 된다. 종이가 귀하던 시절, 달력으로 책 꺼풀을 했고, 신문지가 방습제 역할을 해 주었다. 나는 지금껏 장롱의 옷과 이불 사이마다 신문지를 끼워 넣는다. 옷도 이불도 보송보송 웃는다. 신문지의 날짜 따라 다른, 기막히고 슬펐던 사연과 따뜻한 미담들이 전설 되어 어우러져 있다. 장롱을 열 때마다 그것들은 똑 같이 옹알거린다. 흰 종이가 온갖 색깔을 다 받아들이듯, 신문지도 여러 가지 일을 품어 안고 잠재운다.

종이가 흔해진 만큼 사용도 다양하다. 문화센터에는 종이접기와 종이감기공예의 수강교실이 있다. 전문업으로 하는 가게도 가뭄에 콩나듯 가끔 눈에 띄인다. 종이감기공예는 정교한 입체감을 표현하여 고급스러운 장식품을 만든다. 인형이나 꽃, 카드와 액자가 정성이 듬뿍 담긴 선물로도 제격으로 꼽힌다. 재료비가 많이 들지 않고 핀셋, 가위, 칼 같은 일상 생활용품만으로도 할 수 있는 장점을 들 수 있다.

종이감기공예의 본고장은 영국이다. 엘리자베스 공주가 종이감기로 만든 가리개, 지금도 빅토리아와 엘베트박물관에 소장되어 있다고 한다. 그 많은 세월에도 색깔이 아주 선명하고 질감 또한 생생하다니 가히 명품이라 하겠다. 무엇을 만든다는 것, 그것은 간절한 마음이다.

신문, 공과금, 통신요금, 청첩장, 각종 안내문, 광고지, 이런저런 책이 우편이라는 이름표를 달고 내 집 식구처럼 아무 스스럼없이 대문으로 넘어온다. 대문은 편할 날이 없다고 불평을 할까. 심심치 않다고 할까. 종이 한 장에 담긴 희로애락의 의미와 느낌은 천차만별이다. 대문도 나처럼 종이의 질 따라, 새겨진 글자 따라 받아들이는 마음이 다를지도 모르겠다.

무의식중에 나는 책상 앞에 잘 앉는다. 종이가 너나없이 낙서의 대상이 되어준다. 만만한 종이를 얼마나 홀대하는지. 기분대로 글씨를 긁적거리고, 줄을 쩍쩍 긋고, 찢고 구겨서 휴지통에 넣는다. 군소리 없는 종이가 참을성 많았던 옛 여인 같다. 옛 남자 중에는 종이에 낙서하듯 여자를 함부로 대하고, 종이를 구기 듯이 여자의 자존심을 마구 구긴 사람도 있었다. 그 남자는 여자를 구겨지는 종이쯤으로 여기고 자신은 곧은 펜대인 줄만 알았을까. 훌륭한 학자, 이름난 예술가, 뛰어난 운동선수 뒤에는 여자인 어머니의 힘이 큼에도.

중국 한나라 때 체륜은 꾸지나무를 주원료로 하여 종이를 발명했다. 진시황의 분서갱유焚書坑儒 이후 나라가 번성하면서 기록할 문서가 많아졌고, 간독簡牘이 무겁고 부피가 불어나는 불편함에다 보존성이 떨어졌다. 그 문제점을 오랫동안 연구한 끝에 탄생된 것이 종이라고 한다. 종이는 통신수단의 매개체와 기록 매체를 넘어 인류의 과거와 현재, 미래를 열어주는 커다란 통로다. 임금께 올리는 상소문, 위급함과 기쁜 소식을 전하는 서신 한 장에 엄청난 힘이 실리지 않았던가.

작가 조정래의 소설《태백산맥》육필원고 일만 육천여 장과 그의 아들이 필사한 원고가 선생의 문학관에 나란히 자리하고 있었다. 엄청난 분량은 부자간의 돈독한 정이 쌓인 것이기도 하고, 한 시대의 역사가 재조명 되는 듯한 무게로 보였다. 그 원고는 작가와 종이가 공동체 운명이라는 것을 몸소 보여 준다.

어쨌거나 종이 한 장을 만들 때마다 많은 펄프와 사람의 노력과 시간이 든다. 종이가 소중하다는 것은 아무리 강조해도 지나침이 없다. 종이, 그 위대한 이름은 영혼을 깨워주는 은은한 종소리다. 진정 그 소리에 귀 기울이라는 뜻이 숨어 있으리라. 나는 내일 아침에도 가장 먼저 신문을 뒤적일 것이다. 까치밥을 찾고 종소리를 듣기 위해서.

종이는 언어의 집이자 내 마음의 안식처다.

대숲 노래

여러 채의 초가가 나지막한 산기슭에 소곳이 엎드려 있다. 노랗고 둥근 지붕이 마치 대광주리를 엎어 놓은 듯하다. 포근한 마을이 분지 같아 광주리 터인가 보다. 마음을 안온하게 보듬어 준다. 초가 외벽에는 오래된 크고 작은 대광주리가 오달지게 매달려 있다. 낡은 것도 서러운데 흙바람을 맞는 게 안쓰럽다. 광주리는 초가의 파수꾼일까. 오직 못 하나에 의지하며 떨어지지 않으려고 안간힘을 쓴다. 그 와중에 뒤란의 대숲 노래를 듣겠다며 귀 기울이는 여유를 부린다. 차분한 광주리가 내 마음을 움켜쥐고 놓아주지 않는다.

대광주리는 재질이 가볍다. 펑퍼짐한 모양과 달리 바닥 올이 촘촘하다. 대나무 숲의 푸른 바람 냄새가 솔솔 난다.

섬세함과 대쪽 같은 장인 정신도 올마다 숨 쉰다. 까칠한 대나무를 일일이 손으로 다듬어서 만든 값진 노동의 산물이다. 대광주리의 생명력이랄까. 통풍을 위해 성글게 엮인 전은 자식을 포용해 주는 어머니의 느슨한 마음 같아 한 번 더 눈을 준다. 인생길도 광주리처럼 실용적으로 엮어 나갈 수 있으면 좋겠다는 생각이 광주리의 성근 전 사이로 슬쩍 비집고 들어간다. 삶이 고달팠던 어머니가 떠올라서다.

언젠가 파란 강물을 낀 십리길 강변에서 훤칠하고 청청한 대나무밭에 흠뻑 빠져 본 적이 있다. 속을 비워낸 대나무들이 저처럼 내 안의 욕심과 잡념을 들어 내주어 마음이 종잇장처럼 해까웠다. 때마침 불어오는 바람에 서걱대는 대숲노래가 걸음걸음 따라왔다. 댓잎만큼 시리고 아렸던 어머니의 삶이 깃든 연가로 들렸다. 애잔한 선율에 대나무들도 서슬 퍼런 위용을 잠시 내려놓고 귀 기울여 주었다. 자상함을 지닌 대나무는, 차고 곧은 남성적 이미지를 배제하고 서정적인 성향만으로 여인들의 전유물인 광주리로 재탄생되나보다.

예전엔 아기자기한 전통생활용품 속에 아낙들의 소중한 꿈, 추억, 애환이 담겨 있었다. 계절 따라 용도 따라 달리 쓰이는, 크고 작은 대광주리의 생광스러움이 살뜰한 살림살이에 초석이 되었다. 집안의 생활용품 대물림 중에서도 열쇠꾸러미, 반짇고리, 물동이, 광주리를 시어머니께 전수

받아야 온전한 며느리 자리로 매김 되지 않았던가. 그 물건들에는 집안 내력과 안어른들이 대대로 이어온 숨결이 묻어 있었다. 순박하고 수더분한 할머니와 어머니의 정서가 오롯이 녹아 있는, 우리 집 대광주리를 볼때마다 마음이 절로 낮아지고 순해지는 것 같았다.

어머니의 대광주리는 작은 텃밭이었다. 어머니는 여름마다 나와 함께 연례행사처럼 건풍이 잘 되는 큼지막하고 너른 광주리에 고춧잎과 산나물을 살짝 데쳐서 널고, 노란 호박은 길게 잘라 쭉쭉 펴 널어 호박고지를 만들었다. 둥글넓적하게 썬 가지와 하얀 밀가루로 옷을 입혀 쪄낸 풋고추도 널고, 늦가을이면 흰 무를 성글게 채 썰어 살갑게 펴서 널었다. 평상 위 무말랭이와 아래채 처마 밑에 내 걸린 무청 시래기가 푸른 하늘과 흰 구름을 배경으로 무척 조화로워 보였다. 무말랭이는 찬바람에 시래기들끼리 서로 몸 부비는 소리가 잔소리로 들렸을까. 타시락거리지도, 늑장 부리지도 않고 까슬까슬 잘도 말랐다.

어머니는 대숲 노래를 들으며 고된 시집살이의 한도 대광주리에 담아 쨍쨍한 햇볕에 일광욕을 시켰다. 성스러운 햇볕이 꿉꿉한 마음을 뽀송하게 해 주는 촉매 역할도 했다. 그럴 때마다 번화자가 된 어머니 얼굴이 참으로 거늑해 일상의 그늘은 찾을 수 없었다. 현대인들의 노래방에서 시끌요란하게 행해지는 스트레스 해소법과 차원이 다른 셈이다. 자체 해결의 지혜가 아주 돋보인다고 할까. 어머니의 가뿐해진 마음이 건채에 살아있는 들내를 만들어 냈다. 입맛을 돋우었던 건채는 몇 십 배로 응축된 엄마표 비타민 덩어리였다.

대광주리는 추억이다. 나도 어머니처럼 딸과 함께 고구마 줄기를 삶고, 무채를 썰어 대광주리에 널어 말린다. 그 시간, 어머니와 흑백 사진 속으로 추억여행을 떠나면 한동안 오감해진다. 광주리는 어머니와의 교감이자 그리움을 달래는 도구다. 그리고 할머니와 어머니, 나와 딸이 정을 이어가게 하는 둥그런 마음이다.

내 속내를 읽은 야채들도 삶거나 칼질 해서 바람이 노긋하고 햇볕이 따끈할 때 날쌍한 광주리에 널어주면 좋아한다. 본연의 맛을 더해주려는 기특함이다. 야채가 꾸덕꾸덕해지기 전 며칠 비가 질금거리면 흠집이 남는다. 야채는 고운 제 색깔을 잃고 맛도 떨어진다며 안절부절못한다. 착한 야채에 날씨가 뜻밖의 상처를 준다. 우리 삶에도 예고 없이 찾아드는 비바람으로 본래 그렸던 청사진과 점점 거리가 멀어지게 된다. 이런저런 일에 젖고 부딪쳐서 생채기가 생긴다.

어머니도 새댁 시절부터 봄꿈을 가슴에 묻은 채 평생 혹독한 시집살이, 고된 농사, 크고 작은 집안일로 손에 물 마를 날이 없었고, 굽이치는 삶의 파도도 잠 잘 날이 없었다.

어머니는 전생에 대광주리였을까. 많은 식구 수발을 지청구 없이 다 받아 안은 후덕한 성품이 광주리의 넉넉함과 똑같았다. 광주리는 먹거리의 곳간이었다면, 어머니는 온 가족을 온기로 품는 놋화로였다. 가로세로로 촘촘하게 엮어진 광주리의 올처럼 훗날 자식들 인연의 끈에서 불어날 며느리와 사위, 손자손녀에게 사랑을 듬뿍 주는 것이 꿈이라고 했다.

그러나 그 꿈을 접은 채 자연 속으로 가셨다. 대광주리와 자분자분 나눴던 정분을 못 잊어 대밭에다 영면의 터전으로 삼고 싶어 했을지도 모르겠다. 내가 대밭에 가면 어머니가 더욱 사무치게 그리운 것도 그 때문일 성싶다.

옴팍한 대광주리를 마치 실내 인테리어인양 마루 한 쪽에 두었다. 거기에 뽀송한 빨래를 반듯반듯 개어 담기도 하고, 읽던 책과 신문, 과일과 먹던 과자 봉지를 그냥 툭 던져 놓기도 한다. 무조건 다 받아준 어머니한테 했듯 온갖 푸념을 쏟아 놓고 속내도 털어 놓는다. 광주리가 대숲 노래를 자장가처럼 들려준다. 광주리는 내 마음의 영원한 어머니다.

날고 싶다

날고 싶다! 궁극적으로 '날고 싶다'는 마음은 도대체 어디서 오는 걸까. 날고 싶다에는 물리적 비행, 그러니까 새처럼 날고 싶다가 내포된다. 보슬비 오는 강변을 걸으며 문득 든 생각이다. 강엔 빗금을 긋고 있다. 부드러운 실비는 흰나비가 되어 대각선으로 폴폴 날아간다. 내 머리카락도 마음도 오락가락하는 비처럼 스르르 일어서다가 눕는다. 낮은 바람이지만 장난기가 아주 많다. 이것저것 다 건드리고 지나간다. 하다못해 강변에서 한가로이 모이를 쪼던 비둘기 한 무리도 바람이 한방에 날려 보낸다. 멀어진 비둘기들이 어쩐지 날아간 내 꿈인 양 아쉽다.

먼 하늘엔 옅은 해가 구름 사이로 얼굴을 살며시 디밀다가 밀어 넣고 또 내민다. 구름과의 사랑 놀음이 은밀하여 나도 모르게 은근 슬쩍 눈을 준다. 해도 가만히 숨어만 있지 않다는 것을 보여 주고 싶은 걸까. 강엔 물살을 쌩하게 가르는 윈드서핑이 총알 같다. 최고의 속도가 보는 이로 하여금 스릴 만점이다. 직선으로, 지그재그로 나는 게 묘기에 가깝다. 날렵한 요트가 마치 강 새 같이 높이뛰기 하는 깜직한 재주가 특별나다. 스타카토로 치닫는다. 상쾌 통쾌함의 극치다. 포물선을 그리며 요트를 뒤따라가는 떼 지은 물새들도 신이 나는지 날갯짓이 더 힘차다.

재빠르게 길을 터주는 물결도 너울너울 춤을 춘다. 물고기들도 사방에서 푸드덕 푸드덕 뛴다. 꽃잎처럼 벙그는 멋진 물 나이테가 강물에 물수제비를 뜬다. 물 만난 물고기처럼 생기 도는 풍광에 내 가슴이 푸르게 물든다. 모두가 날고 싶은 몸부림일 것이다. 내리던 보슬비는 그사이 바람에 묻어갔다. 미적거리던 태양도 구름과 이별하고 제 갈 길을 재촉한다. 모두 날아간 셈이다. 어디에도 레가토는 없나 보다.

나뭇가지에 앉아 수다 떨던 참새들도 바람의 유혹에 못 이겨 일시에 우르르 자리를 뜬다. 날지 않고 도저히 못 배기겠다는 듯. 강중거리던 몇 마리의 까치 등을 바람이 힘차게 떠민다. 바람은 새들의 날기 대회를 열어 줄 모양이다. 모두 한 곳으로 데리고 간다. 동산에 나뭇잎들도 오소소 떨며 일제히 바람을 탄다. 날기 대회에 합세하려고 집을 나설 참인 듯하다. 소곳한 풀잎들도 따라 가겠다고 까치발을 하고 키를 세운다. 그것들이 날기 대회에 나간다는 게 가당키나 한가. 아둔한 나 같다. 내가 경사진 길에서 저만치 가는 일행 따라 가려고 용쓰는 꿈을 자주 꾼다. 끝내 길을 잃고 헤맨다. 점점 멀어져 가는, 그 버스를 놓치고 발만 동동 거리다 잠이 깬다. 꿈은 현실 반영이 될 때가 있다더니 내 경우가 딱 그렇다고 할까.

강물 속에 퍼질러 앉아있는 바위도 나를 닮았다. 바위는 밀때 썰때로 몸을 수면 위로 드러냈다가 다시 잠긴다. 물속에서 날고 싶어 안달을 내보는, 거기까지가 한계일 테다. 몇 시간 바깥세상 구경하는 게 감질나겠지만 그것으로 하늘을 날고 있다고, 물새들을 불러놓고 우기고 있는 것 같다. 그래봐야 그 자리를 벗어나질 못한다는 것을 알아도 인지하기 싫은 기색이다. 물길에 장애가 되는 것도. 매일 반복만 거듭하는 생활에 길났으리라. 나는 수 십 년 동안 제한된 시간, 정해진 생활권에서 일탈을 소원해 보지만 늘 제자리 걸음이다. 저 바위와 무어 다를까 생각한다. 그래도 바위는 지조나 있지. 이래저래 잘 흔들리는 내가 바위를 나무랄 처지인가.

오늘따라 유난히 나는 것이 많다. 샌티해진 내가 그것들이 부러워서 심통이 났을까. 인공미가 넘치는 반질한 강변길인데 발에 힘이 더 실린다. 발로 툭툭 찰 돌멩이 하나 없다고 애먼 길을 나무란다. 내게 보내는 일침이다. 돌의 처지에서 보면 빨리 걷고 있는 내가 나는 걸로 보일지도 모르는데도. 만약 돌이 있다면 매정하게 내 발에 채이면서까지 나에게 한 표 보태줄 것 같기도 하다.

날아오를 수 있는 것은 바닥이 있기에 가능하다. 오래전 많이 아꼈던 후배는 첫 만남부터 '어제 본 손님 같다'라는 속담처럼 아주 친근했다. 내가 다녔던 수필 반에서 가장 젊고 상냥하여 모두의 사랑을 받았다. 선생의 수필 이론을 하나 들으면 열을 습득했고, 수필작법도 일취월장하였다. 대학교 학위에 이어 석사는 물론 박사학위까지 거뜬히 내리 결실을 거뒀다. 뜻을 둔 일들도 승승장구해 한 마리 파랑새가 되어 창공으로 훨훨 날아 갔다. 그를 날 수 있도록 해 준 것은 바닥을 딛고 일어설 강단과 단단한 마음 밭이었으리라.

멘델스존의 〈노래위의 날개〉는 아주 유명한 곡이다. 나는 날고 싶을 때 마음이라도 날고 싶어 이 음을 한번 흥얼거려 본다. 내남없이 빛나는 날개 달기를 한번쯤은 원한다. 누구에게나 크고 작은 기회도 주워진다. 하지만 소원하는 일을 이룬다는 것, 그것은 피눈물 나는 노력의 대가다. 화려한 날개일수록 그만큼 따르는 고통의 부피가 크다. 그러니 내가 날개를 부러워하는 것조차 억지라는 생각을 한다. 그래도 미련을 못 버린다. 미지의 세계가 거기 있기 때문이라고 옹색한 핑계를 댄다.

비행기 한 대가 뜬금없이 강위로 불시에 나타난다. 바람이 비행기를 몰고 왔을까. 비행기는 하천을 살피는지 길게 누워 몸을 뒤척이는 강물 위로만 날아간다. 차츰 속도를 줄이고 낮게 뜬다. 강물의 부유물을 체크하고, 물색을 감지하는 명 탐지기인가 보다. 몰래 카메라도 달고 다닐 것이다. 감시의 대상에서 무풍지대가 없지 않던가. 어쨌거나 비행기가 강 풍경에 새 맛 하나 더 얹어 긴 여운을 남기며 서서히 멀어져 간다. 나를 위한 쇼 같다. 후한 대접을 받은 듯 마음이 부자가 된다.

내 삶에도 비행기가 느닷없이 강을 찾아오듯 새로운 일로 날 수 있기를 소망한다.

바람의 요술

우리 가게 앞 전봇대에 걸린, 전신줄의 찢어진 비닐한장이 밤마다 요술을 부린다. 이 기묘한 장면들은 노천 대형 스크린에 걸린 흰 비닐 조각으로 무한한 바람이 만들어 낸 한 편의 설치 미술이다. 스크린을 받쳐 주는 견고한 배경이 되는 나무 이파리가 바람의 속도, 방향에 따라 추임새와 발림을 넣어 절묘하게 어우러진다. 한낱 비닐 조각이 이처럼 유려한 작품으로 변신하다니. 나만이 느끼고 공유한다는 사실에 어깨 힘이 실린다.

가로등 불빛을 등에 업은 백마의 기백이 눈부시다. 뿌연 먼지를 박차고 앞으로 나아가는 뚝심이 퍽이나 활기차다. 그 위로 너른 벌판을 누비고 높은 산등성을 펄쩍펄쩍 뛰어 넘는 영상이 오버랩 된다. 고구려의 용맹스러운 장군이 말을 타고 달리는 멋진 영화 장면들이 말이다. 위힝~잉 말울음도, 또박또박 말굽 소리도 들려온다. 불어오는 바람소리까지 쏴쏴 귀를 때린다.

오늘은 백마지만 어제는 몇 사람이 어울려 굿거리장단과 더불어 너울너울 학춤을 추었다. 하얀 도포자락이 바람에 휘날리며 미투리 신발의 사뿐사뿐 환상적인 춤사위가 하늘을 수놓았다. 피리와 퉁소, 대금이 빚어내는 구슬픈 연주의 가락가락들이 검은 갓 위에 나비처럼 살포시 내려앉으며 내 마음을 살랑 흔들었다.

그저께는 새하얀 소복을 입은 여인이 소곳하게 앉아 슬피 울고 있었다. 청승스러운 호곡 소리가 끊어졌다, 이어졌다 얼음 같은 눈물을 뚝뚝 흘렸다. 한 서린 눈물꽃에서 서늘한 기운이 감돌아 으스스한 느낌마저 들었다.

이것은 어느 설치미술가가 버려진 비닐로 공간에 맞추어 연출해 놓은 작품일지도 모른다. 설치 미술은 어떤 재료도 쓸 수 있고, 소재와 주제가 다양하지 않은가. 그도 아니면 비닐 스스로 가출하여 여기에 턱하니 자리 잡았을까. 자유를 갈망한다는 메시지를 전하려는 모양이다. 그 또한 아니면 바람이 데려다 놓았을까. 능란한 바람의 재주를 누가 말리랴. 아무튼 비닐은 늘 꿈꾸어 왔던 것을 한껏 펼치는 중인가 보다. 기껏해야 소금자루에 비 막이로, 실내의 페인트 칠할 때 물건 덮개로 요긴하게 쓰였을 터. 빛나는 날개를 단 셈이다. 나는 이 설치 미술의 비견을 턱을 더 높혀 바라보고 있다. 넋을 놓고서.

비닐은 착착 접힌 채 창고 구석진 데서 숨죽이고 있는 것도, 사람들이 구기고 밟는 것도 원치 않으리라. 비록 한데 바람에 너덜거릴지언정 갖은 끼를 분출할 수 있는 주인공이 된 자체만도 좋지 않겠는가. 사람이건 사물이건 자기 개성을 다 표현할 기회가 몇 번 있는가. 한 분야에서 특별히 뛰어 나거나 운이 좋거나 할 때 가능할 뿐이다. 그러고 보면 저 비닐은 신분상승을 확실히 했다. 설령 이 자유를 만끽할 시간이 몽당연필처럼 짧다고 해도 후회는 안할 성싶다.

언젠가 문학기행 때 산속에서 모노레일을 탔다. 사오부능선을 제법 긴 시간 천천히 한바퀴 돌았다. 흔하게 보는 산속 풍경인데도 무성한 풀숲 위로 꼬불꼬불 난 단꿰를 따라 사방팔방으로 눈을 주는 재미가 쏠쏠했다.

산속에는 바위와 나무들이 크면 큰 대로 작으면 작은 대로 네 활개를 펴고 있었다. 아주 태평스러웠다. 아무 눈치도 보지 않고, 제재도 받지 않는 것 같았지만 서로 간의 화해가 평온을 낳았지 싶다. 한여름 땡볕과 폭풍우를 견뎌내고 얻은 선물이 아니겠는가. 나는 산 정상에서 세상을 눈 아래로 바라 볼 때의 그 우월감이 사라졌다. 큰 나무 우듬지에 편안하게 앉아 내려다본다는 착각과 우쭐한 기분이 살짝

들기는 했지만.

산 전체가 설치 미술의 무대였다. 제 몸을 친친 휘감고 올라온 넝쿨 식물을 고봉으로 고이 이고 있는 덩치 큰 바위와 나무도 있었고, 낮은 식물을 포근하게 꼭 껴안고 있는 작은 돌과 나무도 많았다. 더러 데면데면한 것도 있었지만 굵은 나무들은 대부분 여린 식물이 내미는 손을 덥석 잡아 준 것이다.

큰 바위는 뻣뻣하여 듬직하고, 높은 나무는 고고하게 직선으로 뻗어 다소 고집스러워 보인다. 하지만 내면에 흐르는 따뜻한 정이 정말 경이롭다. 무엇이든 보듬는다는 것은 참으로 보기 좋고 넉넉한 일이다. 서로 의지하며 함께 살아가는 바위와 나무들을 두터운 가을 햇살이, 능청스러운 구름이 어루만져 주고, 까막까치들도 모여 응원 해주고 있었다.

진득한 바위는 맨땅에 맨발로 무릎 꿇고 하늘을 우러러 기도하는 어머니 조각상 같았고, 더러 서 있기도 하고 누워 있는 고사목들도 꽤 감각적이었다. 식물로 자유자재 형상의 옷을 입혀 멧돼지, 곰, 사슴, 노루와 흡사했다. 하나하나 작품을 빚어 놓은 전시장 같았다. 무위자연의 힘이 만 가지 상상력을 불러 일으켜 주었다. 언젠가 들었던 심도 깊은 문학 강의도 바람이 그 산으로 데리고 왔다. 강의 내용은 자연 염색 과정에서 특히 바지랑대로 받친, 긴 빨랫줄에 널린 형형색색으로 염색된 수 십 개의 천에다 수 백 개의 바람이 요술을 부릴 때가, 설치 미술의 가장 진면목이라고 열변 했다. 그 목소리가 메아리로 돌아 왔다. 그 후 나는 공감대가 형성되는 사물에다 감정을 이입시키는 이상한 버릇이 생겼다. 엉뚱하고 실없다는 걸 알면서도 이렇듯 설득력을 실어 본다.

강풍이 불기 시작한다. 바람이 한꺼번에 나뭇잎을 흔들어댄다. 내 머리위에서 흔들리는 것 같이 머리가 쭈빗거린다. 너무 기묘한 아름다움이다. 초록 나뭇잎이 한꺼번에 하늘로 날아갈 것 같다. 거기에 하얀 새한마리가 아라베스크 자세로 발레를 하며 날아간다. 다시 착지한다. 바람이 몹시도 불어대고 있다.

바람에 홀린 전신줄의 설치 미술을 오래두고 보고 싶다. 동네 나들목에 있는 이 비닐을 눈엣가시로 여기는 몽니가 없다면, 아니 바람이 다른 곳으로 데리고 가지 않는다면 가능할 테다. 비닐조각이 내일 밤에는 진양조 가락의 느긋한 살풀이춤을, 모래 밤에는 타악기의 자진 몰이 장단에 걸팡지게 한바탕 놀아줄 무속인의 춤도 보여 주리라. 설치 미술의 묘미는 자유로운 영혼에 있는 것 같다. 주눅 들지 않고 기를 한껏 펴는, 남을 의식하지 않는 저 비닐 조각이 못내 부러운 밤이다.

환생

한갓진 강변 공원에 설치된 조형물이 나를 넌지시 굽어본다. 나는 조형물과 말없이 눈을 맞춘다. 농구대만큼 높은 철제 받침대 위에 우두커니 앉아 있는 남자 조각상과의 조우다.

조각상은 머리에서 발까지 온통 검푸르죽죽하면서 희끗희끗 얼룩이 져 있다. 맨들 하지 않는 얼굴이 세월의 굴곡을 말해주고, 풍기는 이미지가 체념과 우수에 젖은 듯 하면서 매우 근엄하다. 또 꼭 다문 입, 늘 한 곳만 바라보는 두 눈이 평범하지만 비범해 보인다. 두 손이 중지끼리 살짝 닿아 있다. 마음을 그만큼만 열어 놓은 것 같다. 양쪽 다리를 축 늘어뜨려 편안하게 걸터앉은 품새가 느슨하다. 왠지 짠하다. 그래서 내가 임이라고 칭해 주고 싶었다.

임은 무슨 생각을 할까. 무슨 말을 하고 싶을까. 고뇌하는 예술가인가, 고달픈 농부인가. 오래 전부터 나에게 화두의 대상으로 한걸음 다가왔다. 그러다 언제부턴가 농부일 거라고 그냥 간주해 버렸다.

매주 한 두 번 강변길 걷기에 나설 때마다 아버지를 만나려 가는 것처럼 마음이 달뜬다. 일부러 임을 친견하러 간다고 해야 옳다. 임과 묵언의 소통이지만 어쩐지 혈육 같은 따스운 정이 흐른다. 임도 내가 딸인 양 상기된 얼굴로 반겨준다. 오래 전 돌아가신 아버지와 재회한 느낌이 드는 건 무슨 까닭일까.

아버지는 오랫동안 주로 벼농사만 짓다가 오십대 초반, 비교적 늦은 나이에 여러 가지 소채 농사를 강변들에서 제법 많이 지었다. 그런데 여름 몇 달 중 한번쯤은 들판에 큰물이 들었다. 강물의 위험 수위가 닥칠 때는 강둑에서 애간장을 녹이다 끝내는 석고상이 됐다. 범람한 황톳물은 농부들이 피땀으로 일궈놓은, 농작물의 결실을 강이란 커다란 입으로 하루아침에 삼켜 버렸다. 농부들은 허허바다가 된 들녘을 한숨과 눈물로 바라만 보았다. 먼 마을에서 떠내려 온 가축들과 살림 도구들이 물살에 휩쓸려 덩실덩실 춤을 추었다. 차마 웃지 못할 진풍경에 쓰라린 마음을 얹어 보내야 했다.

무심한 강물은 사나흘 지나고 나면 너무나 개운한 얼굴

이었다. 천연덕스럽게 유유히 흘러가는 강물의 양면성에 더 큰 상처를 받았다. 그때 첩첩이 쌓인 한 덩이가 아버지 가슴 한 구석에 영원히 탁류로 흐르고 있을 것이다. 그 탁류를 청정무구한 강물로 희석시키느라 아버지는 강변에 저 조각상으로 환생해 앉아 있을까. 그러므로 밤 낮 푸른 저 강물만 묵시하는지도 모르겠다.

작가는 조각상의 상징을 외로움과 고립에 뜻매김 한 것 같다. 작품명이 풀섶의 작은 표지석에 〈바람이 그대 곁에 있다.〉 '작가 ○○○' '2006년 비엔날레 부산조각 프로젝트'라고 새겨져 있다. 왜 하필 형체도 없는, 만져지지도 않는 바람이라고 명명했을까. 두루 사방을 아울러 이불해 주는 마른하늘, 온갖 그림을 그리며 수시로 놀아주는 구름, 어둠을 거둬주는 해와 달, 별이 있고, 사시사철 색다른 변화로 눈을 즐겁게 해주는 별의별 푸나무들 천지다. 거기에 숱한 새들이 심심찮게 노래를 부르고, 명미明媚한 강이 임의 코앞에 펼쳐져 있지 않은가.

그 뿐인가. 그 너머로 아늑한 야산도 그림 같이 선명하고, 인근의 고층 빌딩과 즐비한 아파트들이 임을 호위하는 듯 턱 버티고 섰다. 설령 그 모두 파수꾼이 돼주고, 벗이 돼주어도 바람과는 견줄 수 없나보다.

바람은 임의 답답한 데를 시원하게 긁어주고 탁한 귀도 씻어 줄 것이다. 그리고 온갖 소식을 물어다 주고 근심도 댓바람에 날려 주리라. 왔다가 금방 사라지지만 다시 온다고 기다려 달라는 부탁을 정중히 할 것이다. 작가는 때로 이 기다림이 삶의 무미건조함을 깨뜨린다는 의미를 부여한 것 같다. 임도 지독한 북풍한설 견뎌내도록 힘을 실어 준 것 또한 기다림 덕이라고 한다.

견고한 작품 속엔 그 무엇도 바람처럼 이별해야 되는, 언젠가 홀로일 수밖에 없다는 뜻을 곰상스럽게 내포한 것 같다. 그러고 보면 바람이 임을 쓰다듬어 주는 데는 그런 연유가 있겠다. 임이 이토록 담담해진 것도 동반자인 바람의 배경도 한몫 거들었을 테다. 그래도 나는 작품명에 강물도 끼워 주었으면 하는 아쉬움이 인다. 한 가지라도 더 보태주면 임의 외로움을 덜어 줄 테니까.

임은 어지러운 세상사를 들어도 못 들은 척, 봐도 못 본 척, 알아도 모른 척 한다. 그 과묵함을 닮고 싶다. 그러나 또바기가 된 것은 너무 슬프다. 그러잖아도 임이 마음대로 걸어 다닐 수 있는 것만도 행복이라고 내게 스리슬쩍 언질을 준 때가 있었다. 볼 것 보고, 들을 것 듣고, 기억 할 것 하지만 조금 지겹다고 설핏 내비쳤다. 속내를 내보이는 다감함이 마치 아버지처럼 따스했다. 십 년 세월, 하루같이 고요와 초심을 지키며 앉아 있었으니 그 지겨움이야 여북하겠는가.

'무한정 걷고 싶다, 걷고 싶다.'라고 되뇌는지 임의 입이 오물오물 한다. 외로움을 떨치고 싶은 저 간절함이라니. 슬며시 그의 마음을 떠 보지만 두 번 다시 제 처지는 내색 않는다. 더러 일어나 보겠다고 내 손 잡으며 억지를 부려도, 갑갑하다고 짜증을 내도 아기를 안듯 다 안아 줄 것인데. 많이 서운하다.

발등에 불이 떨어져도 느긋한 양반걸음만 고집 하셨던 아버지, 몇 번의 헛기침으로 집안 기강이 잡혔을 만큼 묵직하셨던 아버지 영상이 조각상에 겹친다. 나를 툭치는 임의 바람이 '그래 저 조각상은 바로 너희 아버지야'라고 말한다. 그렇다. 아버지도 피 같은 농작물에 큰물 지나고 나면 삶이 버거워 무덤덤하게 강물만 바라보고 앉아 있었지. 그럴 때마다 선한 바람이 아버지의 그 쓰린 마음을 토닥거려 주었지. 처연했던 그 모습이 임과 흡사했어. 어쩐지 임이 자꾸 생각나고, 문득문득 근황이 궁금하고, 마냥 보고 싶더니만 이유가 여기에 있었구나.

그때의 그 바람이 이곳까지 찾아와 아버지를 든든하게 지켜 주고 있다.

노을 품다

두꺼운 파카를 무릎에 올려놓고 비행기 창밖을 내다보는 중이다. 지금껏 보지 못한 아주 멋진 노을이 눈부시게 펼쳐져 있다. 노을은 하늘의 꽃밭이다. 어느 바다와 강을 적시는, 산마루에 걸려 있는 그 까치 노을보다 더 아름답고 길고 웅장하다. 아늑하여 나뭇꾼과 선녀의 사랑이 무르익은 곳일 듯하다. 최고의 보물을 만났다는 생각에 감회가 새롭다. 성층권의 같은 층에서 노을과 마주하다니 마치 하늘 새라도 된 기분이다. 나도 모르게 심장이 고동친다. 삶에 윤활유로 가득 채워 줄 여행 묘미의 전주곡으로 보인다. 황홀한 저 정경을, 아니 하늘의 아름다운 꽃밭을 두고 도저히 외면할 수 없다. 놓치기 싫은 장면이기 때문이다. 어느 새 나도 노을을 품는다.

창을 열고 바깥을 바라볼 땐 붉은 해가 모습을 막 감춘 후였다. 찬란한 슬픔이란 이런 것을 두고 한 말일까. 그사이 불덩이 같은 해의 화려한 시절은 가고 없었다. 해는 지구의 원리로 가만히 있다고 하나 선걸음으로 어딘가의 방대한 일출을 위해, 빛을 내뿜으려고 박차를 가하고 있을 것이다. 스물네 시간 이쪽저쪽으로 항해가 계속되리라. 햇빛을 어둡고 추운 구석구석에 나눠주느라 마음 놓고 쉴 날이 없을 테다. 급박하게 돌아가는 세상사가 해를 닮았다고 할까. 해는 달리고 구르며 숨이 차지 않겠는가. 그래도 고단한 내색 않고 온 누리에 황금빛 꽃다발을 선사한다. 모든 생명에 구원이다.

나도 세상 구경하고 싶어 해처럼 겹겹의 산을 넘고 광대무변한 바다 건너 겨울 왕국으로 여행을 떠나고 싶었다. 결혼 사십년의 지난날들을 뒤돌아보고, 이 무렵에 오는 고독감으로 끝없는, 설원의 황량한 추위 속에서 내 삶을 반추해 보고 싶었기 때문이다. 그 꿈이 이루어졌다. 지금 북러시아 상트페테르부르크로 이륙하는 비행기 안이다. 몇 백 명 탑승자들도 여행이란 타이틀을 안고 설렘으로 가득하다. 일행들과 남편의 얼굴에도 화색이 감돈다. 영하 이십도가 훨씬 넘는 날씨인데 비행기 안은 봄날의 훈풍이 분다. 붉은 해가 빛을 발하며 몇 시간째 비행기를 에스코트해 왔던 모양이다.

노을은 해의 분신이다. 사람도 부모가 돌아간 후 남은 자식이 노을 같다면 어떨까. 우리 일곱 형제자매들도 으레 남들처럼 여러 가지 색깔로 어우러지는 노을빛처럼 더불어 살아간다. 그런데 불행하게도 몇 해 전 오빠가 불의의 사고로 급작스레 세상을 떠났다. 애석하게 오빠에겐 후손이 없다. 오빠의 뒷모습이라 할 그 노을이 없다는 것이 가장 못 견디게 애달프고 슬펐다. 안타까운 마음이 앞서 정작 오빠가 절절이 안고 살았을 외로움을 헤아리지 못한 것이 회한으로 남는다. 하늘에 노을이 꽃이라면 부모에게 자식이 꽃일 것이다.

노을은 요술쟁이다. 하늘가에 수만리로 스크린처럼 파노라마로 이어진다. 몇 가지 눈에 익은 색깔이 누군가가 정성 들여 선을 그려놓은 듯 무늬가 아주 선명하다. 파란 하늘색이 제일 상단을 이루고, 다음은 연회색이고 이어서 선홍빛의 감색이다. 그 아래로 노르스름한 선한 색상이 보리밭처럼 일렁거린다. 노을을 포근하게 아우르고 있는 검은색과 다홍색의 띠가 많은 식구를 감싸 안은 옛 여인의 넉넉하고 야무진 마음 같다. 노을만이 가질 수 있는 찬연한 빛깔이 경이롭다.

노을은 다양한 색상으로 삶의 단계를 오롯이 나타낸다. 인생 드라마의 연출가다. 하늘색은 청춘의 꿈을, 연회색은 미래에 대한 불안정을, 감색은 중년의 전성기를, 검은색은 노년의 쓸쓸함 내지는 죽음을. 인생은 오묘한 대자연을 참으로 많이 닮았다.

언제 또 비행기 탈 기회가 온다고 해도 하늘에서 노을과 눈자리 할 수 있는 창가의 좌석을 만날 수 있을까. 설령 기회가 주어진다 해도 내가 하늘눈이 지금처럼 확 뜨인다는 보장은 없다. 여러 조건이 절묘하게 맞아떨어지기가 쉬운가. 노을이 화로처럼 가슴에 맺힌 응어리를 녹여 준다면, 창공은 쉽게 버리지 못하는 욕심덩이까지 수만리 낭떠러지에 떨어뜨려 준다. 이게 좋아 비행기를 또 타고 싶어 안달할지도 모르겠다. 허공은 부질없는 것들을 비워내는 곳임에 틀림없다. 새들의 날갯짓이 날렵하고 자유로운 것도 허공덕이지 않을까.

황홀경으로 이끌어 준, 마음에 수를 놓아준 노을의 색채가 한 칸 한 칸 엷어진다. 고도를 기다리던 마지막 한 점, 그 검붉은 색깔도 어둠에 몸을 맡긴다. 시부저기도, 떠밀려서도 아닌, 어둠과의 화합을 위해 곱디고운 빛의 꼬리를 조용히 내린다. 어둠도 노을을 잠식 한다기보다 서서히 한 몸이 되는 것을 원하는 것 같다. 희뿌연 하늘도 어둠과 손을 맞잡는 걸 보면. 서로 한 마음이 되는 순간이다. 말없이 자리를 내주고 기꺼이 받아들이는 의식이 정말 아름답다. 어둠이 안온하게 다가온다. 모든 것을 평등하게 싸안는 어둠이야말로 만국통일이 아니겠는가. 밤이 하사한 최고의 선물이다.

노을과 어둠의 화합이 처음부터 순조롭지는 않았을 테다. 여울목의 물이 부딪칠 때처럼 오랫동안 큰 소리가 났으리라. 그러길 수 백 번 하고 배려와 양보의 미덕을 터득했을 것이다. 우리네 삶도 고통과 갈등을, 이해와 타협으로 굴곡진 삶의 고개를 굽이굽이 넘어간다. 그 힘의 원천을 노을이 준 이 밤이라고 하고 싶다.

밤은 날마다 삶을 뒤돌아보게 하고, 잠이라는 명약을 처방해 준다. 그 약의 성분이 반성과 용기를 갖게 한다. 또 아픔을 보듬어 주고 쓰라린 상처를 아물게 해 주지 않던가. 그 덕분으로 오늘의 신산한 삶을 거뜬히 잊고 내일을 살아낸다. 밤이 이처럼 소중하고 위대한 것은 때가 되면 스스로 물러나 빛에 순순히 길을 터주는 베풂 또한 있기 때문이리라.

속 깊은 밤하늘에 안긴 비행기도 마음 놓고 순조롭게 날고 있다. 어둠이 순풍 낳아 줄, 새롭게 찾아올 태양의 그 찬란한 빛을 기다리며. 나도 내일 일정의 여행지에서 받을 감동이 미리 가슴에 물결처럼 일렁인다. 부푼 희망과 고운 노을을 품은 나는 밤이 주는 선물에 사르르 눈이 감긴다.

주홍 의자의 꿈
피아노
엄마는 복덩이
돈이 뭐길래
반짇고리
팽나무 그늘
빨간 벽돌 이층집
뿌리
태산목
그 겨울의 초록 스웨터

주홍 의자의 꿈

동네 들머리에 버려진 가죽 소파를 본다. 소파는 각다분했던 생활을 벗어나 좌정하고 편히 쉬고 있다. 낡고 빛이 바랬건만 아쉽지도, 외롭지도 않는 듯 느긋하고 담담한 표정이다. 주인에게 젊음을 다 바친 정성이 소외의 옷으로 갈아입고 천덕꾸러기로 밀려난 셈이다. 나들이 나온 곰실곰실한 바람과 햇볕만이 소파의 애달픔을 부드럽게 쓰다듬어 줄 뿐이다. 그래도 몇 달째 노숙하면서 이 자리를 고수하고 있는 폼이 의젓하다. 이 자리나마 감지덕지라며 더 버티고 싶다는 꿈을 꾸는 건 아닐까. 퇴물이 된 설움보다 환대받았던 날들이 떠오르는지 회심의 웃음을 머금고 있다. 체념에서 얻은 평화이어라.

소파보다 흔한 의자는 산길, 공황, 기차역, 도시철도역,

버스 정류장, 공원, 병원에서 우리에게 안식처가 되어준다. 등을 기대거나, 마음을 의지할 의자가 없다면 삶이 얼마나 팍팍할 것인가. 엉거주춤 서 있던 몸이 의자에 앉으면 든든하다. 산란한 마음도 평정을 찾는다. 이게 의자의 장점이면, 게으름을 부추기는 단점도 있다. 포근함에 젖어 오래 눌러앉아 있고 싶은 나태함을 발동시킨다.

의자보다 유혹을 더하는 건 벤치다. 산길을 걷다가 정물 같은 긴 나무벤치와 자주 마주친다. 벤치는 친근한 사람과 만났을 때처럼 긴밀한 유대감, 끈끈함으로 이끈다. 사람들이 나란히 앉아 놀아 주는 것을 은근히 즐긴다. 누구한테나 관대한 쉼터 역할을 한다. 털썩 앉아 숨 고르게 하고, 두 다리를 걸터앉아 마음껏 흔들게도 한다. 또 다리를 쭉쭉 뻗도록도 하고, 누워서 넓은 하늘을 바라보며 덩싯거리게 온전히 자리도 내 준다. 사람들이 제 품에 몸을 맡길 때, 비로소 본연의 소임을 다하고 외로움도 덜어내는 모양이다. 서분서분한 벤치가 더 놀다 가라고 바지가랑이를 붙드는 걸 보면.

공골찬 벤치는 비가 오면 비가 오는 대로, 눈 내리면 눈 내리는 대로 적막한 산을 지킨다. 아니 삼라만상을 떠받들고 있다. 그러면서 한결 같이 사람을 기다린다. 아무리 무생물일지라도 감정이 살아 있는 듯하다. 기쁜 일, 슬픈 일을 털어 놓으면 함께 웃어주고 울어주기도 하니 말이다. 바람과 햇볕이 자기 무릎에 앉아 재롱 부리는 것보다, 구름이 푸근하게 쉬어 가는 것보다 사람이 벗해 주면 입이 함지박이 된다. 무엇보다 사람을 너 좋아하는가 보다.

모든 의자는 기능과 구실이 동일하다. 하지만 종류에 따라 지닌 의미는 천양지차다. 권위를 상징하는 의자엔 직위가 나타나고, 안락의자엔 평안이 깃들어 있다. 임자가 따로 없는 쓸쓸한 노천의 의자에서 모성애를 읽는다. 자식을 언제나 기다려 주는 깊은 모정과, 무한정인 배려와 베풂이 의자와 뭐 다를까. 둘 다 순탄치 않는 삶이다. 그래도 자식을 위해 안락의자가 돼주고 싶은 게 어머니들의 꿈이다. 어머니는 의자다.

어느 산골 마을에서 의자 천 개를 높다랗게 포개 놓고, 옆으로 나란히 나열해 놓은 설치 미술을 보았다. "숨 좀 돌릴까요."라고 쓴 푯말에는 많은 뜻이 함축돼 있는 듯했다. 숨 가쁘게 앞만 보고 달려온 삶을 뒤돌아보며 노곤한 몸 쉬게 하라는. 의자 하나하나에 포근한 어머니상이 연상됐다. 처진 어깨를 펴주고 휜 등을 일으켜 세워 줄 것 같은 저력이 보였다. 자식에게 디딤돌인 어머니들의 각기 다른 얼굴과 숨결, 사연들을 오롯이 기록한 한 권의 대형 화집 같았다. 일순 눈시울이 뜨겁고 가슴이 벅찼다. 고졸한 풍경이 오랫동안 잊히지 않았다.

사진 전시회에서 의자를 주제로 한 작품 하나가 마음에

쏙 들었다. 그 사진에는 늙수레한 나무의자 네댓 개가 아주 자연스럽게 배치돼 있었다. 낮은 토담 아래서 해를 안고 산들바람과 소박하게 도란거렸다. 퍽이나 포근하고 화평했다. 매우 단조롭고 무료한 정경이었지만 밋밋함을 뛰어넘은 작가의 기발한 착상이 눈에 들어왔다. 식물의 덩굴손 한 줄기가 의자에 편안히 걸터앉아 있는, 그 초점이 정교해 이파리가 하늘하늘 움직이는 게 생명력이 꿈틀꿈틀 했다. 향토적인 분위기와 푸른색의 강한 이미지가 음식에 깔밋한 고명 같이 신선했다.

의자가 두 팔을 벌리고 나를 안아 주려는 시늉에 가슴이 뭉클 했다. 사물의 진면목을 형상화한 작가의 따뜻한 시선이, 예리한 안목이, 심도 있는 배치가 돋보였다. 사진에 문외한인 내게 아름다움으로 안겼다. 의자를 피사체로 한 뛰어난 구성과 구도가 작품의 품격을 한층 더 받쳐주었다. 포착한 한 대상을 파인더에 담아 우리들 가슴에 심어 주는 건 순전히 작가의 몫이다. 작가는 관객에게 사진 속의 의자에다 곤고한 삶 잠시 내려놓으라는 메시지를 전해주고 싶었으리라.

스산한 가을, 낮은 하늘을 인 억새꽃의 흐느적거림이 멋스러웠다. 토담 골목길을 거니는 중년 여인의 부드러운 머플러와 웃음이 함께 날리었다. 지인들과 원탁을 빙 둘러 선 의자에 모여 앉아, 김이 모락모락 피어오르는 텀블러를 들고 대화를 정겹게 나누었다. 찻잔에 일렁이는 푸른 하늘이 춤을 추고, 숲속의 청아한 새소리와 계곡에 붉고 노랗게 물든, 고운 단풍이 설링설렁 떠내려가는 소리가 들렸다. 이러한 낭만의 상상을 펴게 해준 사진 한 장에 실린 강한 힘을 오래도록 잊지 못했다.

우리 집에는 낭만과 거리가 먼 오래된 컴퓨터 의자가 있다. 내가 좋아하는 주홍색이다. 가끔 글 쓴다고 이 의자에 앉아 열심히 컴퓨터 자판을 두드린다. 의자에 양반다리를 하고서. 잠시 메일만 확인할 때는 엎드려서 컴퓨터 화면을 본다. 그럴 때마다 의자는 새침해지면서 한의사처럼 나보고 자세를 바로 하라며 따끔하게 일침一針을 놓는다. 이렇듯 살갑게 함께 살아온 나잇값을 톡톡히 한다.

그런데 언제부턴가 이 의자가 삐걱댄다. 삐걱거리는 소리가 내 관절 여기저기서 나는 소리와 같다. 어느 날은 큰 소리로, 어느 날은 작은 소리로. 의자는 머지않아 제 짝인 컴퓨터와 이별시키려는 것을 눈치 챘을까. 오래오래 붙박이처럼 내 곁에 있는 것이 꿈이라고 한다. 퇴물림 당한 길가의 늙은 그 소파처럼 되기엔 아직 억울하다며. 따뜻한 주홍색이 아리다. 나도 모르게 의자의 야윈 등을 토닥이고 있다. 의자가 활짝 웃는다.

피아노

어디쯤인가 이웃집에 피아노를 사들이나 보다. 분주히 움직이던 인부들이 빠른 손놀림으로 피아노를 들어 나르고 있다. 한참 후 딩동거리는 피아노 소리가 귓가에 울려 퍼진다. 우리 집에 처음 피아노를 사던 날이 생각나 나도 모르게 실실 웃음이 난다.

그해 겨울, 크리스마스를 앞둔 거리는 캐럴이 흐르고, 대부분의 상가에는 빨간 양말을 걸어 놓거나 트리로 장식하느라 바쁠 즈음이었다. 창밖은 유난히 추워 보였다. 날씨만큼이나 내 몸과 마음도 겨울 한복판의 그대로 얼어 있는 눈사람처럼 차가웠다. 모두 잠이 든 쓸쓸한 병원 입원실이라니, 그것도 격리 입원실이었다. 홀로 얼마나 외롭고 불안에 떨었던지. 세상에 나 혼자 버려진 것 같은 막막함 속에서 몇 날 밤을 지새웠다. 도저히 사랑하는 아이들 곁으로 다시 갈 수 없을 것만 같은 절망감에 사로잡혔다.

못 견디게 아이들이 보고 싶었다. 어쩌면 엄마로서 지금껏 아이들에게 너무나 해준 것이 없었기에 보고픔이 더 컸는지 모른다. 그 중에 딸아이가 그렇게 피아노 치는 것을 좋아했는데…. 그때 초등학교 1학년이었던 딸아이는 유달리 애살이 많고 무엇이든 열심히 노력하는 아이였다. 공부도 썩 잘했다. 특히 피아노 학원에서 매일 레슨시간이 끝났는데도 "선생님, 피아노를 십 분만 더 치다 갈게요."라고 한다는 말을 피아노 선생님으로부터 들은 지 이미 몇 달 됐다.

병실에 누워 있으니 그 생각이 자꾸 났다. 어린아이에게 병문안은 허락되지 않았다. 아이는 제 아빠와 병원까지 왔다가 병동 입구에서 추위에 떨며 기다리고 있거나 초조하게 로비에 앉아 있다가 그냥 돌아가곤 했다.

그것을 알았던 나는 병이 만약에 낫지 않아 아이 곁에 가지 못하면 어쩌나 하는 상념들이 앞섰다. 병실의 천장을 바라보고 이불에 몸을 파묻으며 딸아이가 그토록 원하는 피아노를 과연 누가 사 줄까 하는 걱정으로 잠을 이룰 수가 없었다. 아픈 머리를 침대 웃머리에다 이리 찧고 저리 찧으며 몸부림쳤다. 그때 불현듯 스쳐 지나가는 것이 있었다. 그것은 마침 그 달이 적금 타는 달이었기에 딸아이에게 피아노를 사 줄 수 있는 실낱 같은 희망이 보였다.

그때부터 어떻게든 살아야 되겠다는 강한 용기가 솟아났다. 병상 침대 모서리를 부여잡고 병을 낫게만 해 달라는 간절한 기도를 수백 번도 더 했다. 완쾌되어 집에만 갈 수 있다면 지나가는 행인에게도, 해와 달에도 두 팔 벌려 자랑할 것만 같았다. 하루빨리 퇴원할 날만 기대하며 아픔을 참아냈다.

하지만 병명이 장티푸스였다. 이름도 무서운 워낙 지독한 병이라 마음같이 쉽게 회복되지 않았다. 말 그대로 얼마나 몹쓸 병이었던지 눈을 뜰 수 없을 만큼 머리가 깨질듯 했고, 손톱 발톱까지 쑤시는 그 통증을 어떻게 표현할 수 있을까. 거기다가 합병증을 동반할 우려가 있다고 했다. 때문에 열이 40도를 웃도는데도 주사나 약으로나 함부로 열을 내릴 수 없는 처지였고, 치료라고는 겨우 링거액을 꽂아 소변으로 열을 내리게 하는 정도였다.

그 즈음 나는 하나둘씩 잃어 가는 꿈은 어쩔 수 없었으나 두 아이가 유일한 나의 희망이었다. 어떤 괴로움도 이겨낼 수 있었던 것은 아이들이 버팀목이 되어 주었기에 가능했다. 다행히 사나흘 후부터 정상체온을 되찾았다. 내 몸은 조금씩 호전되어 갔다. 창밖으로 보이는 하늘의 구름이 보드라운 솜털같이 따뜻하게 느껴졌다. 입원하고 처음으로 내 품에 안긴 하늘이었다. 아니 하늘이 나를 포근하게 안아주었다. 마침

내 적금을 타는 하루 전날, 나는 퇴원을 억지로 고집했다. 통원 치료를 열심히 받겠다는 의사와의 약속 아래 입원한 지 보름 만에 퇴원을 앞당겨 하였다.

꿈에도 그리던 두 아이와 마주하고 다음날 누구와도 의논 없이 혼자서 적금을 탔다. 가슴이 콩닥콩닥 두 방망이질을 해댔다. 행복감에 젖어 세상이 온통 내 것으로 보였다. 거금을 들고 딸아이의 피아노를 고르는 순간 솔솔미파솔로 울리는 피아노 소리에 비로소 안도감이 밀려왔다. 그때 형편으로 있을 수 없는 일을 저지르고 말았지만 후회는 없었다.

나는 커다란 피아노 앞을 지날 때 남몰래 즐거워 했고, 딸아이는 그런 내 마음을 아는 듯 〈엘리자를 위하여〉와 그날 배운 〈소나티네〉 곡을 쳐 주었다. 몇 개월간 죽만 먹으며 몸조리를 했다. 그동안 힘듦을 잘 이겨낼 수 있었던 것은, 딸아이의 귀여운 마음이 담긴 피아노 소리에서 위안을 얻어서였다. 반짝거리는 피아노를 닦으며 뿌듯함에 가슴 벅찼다.

피아노 덕분이랄까. 딸아이는 예쁘게 자랐다. 엄마를 생각하는 마음이 남달랐다. 어느 날은 느닷없이 우리 엄마도 옆집 동주엄마처럼 늙느냐며 내 눈가의 잔주름을 고사리 같은 손으로 펴주는 효심을 보여 주었다. 그것을 본 이웃 사람들은 "너희 엄마 얼굴 전기다리미로 다려 드려라. 그러면 그 주름살이 하나도 없이 펴진다. 응."라고 해서 한바탕 웃었다.

피아노를 우리 집에 들여오던 날, 식구들이 무척이나 놀라 하던 모습과, 기뻐서 달처럼 환해졌던 딸아이의 얼굴이 생생하게 떠올라 자꾸 미소 짓게 된다. 이웃집의 피아노 소리가 아직도 딩동딩동 들려온다. 낯익은 피아노곡이 연이어 허공으로 울려 메아리친다.

엄마는 복덩이

당신은 무심코 호박을 본 적이 있는가?

시어머니가 수확한 누렁호박 한 덩이가 주방 진열대 옆에 참하게 앉아 있다. 햇빛이 베란다 창문을 비집고 들어와 호박을 부드럽게 감싸 안는다. 호박이라는 커다란 보석을 보는 것 같다. 어머님이 종일 맨손으로 밭일 하다 허리 펴며 지는 해를 바라보던 그 순한 햇살이다. 왠지 입이 심심해 아이스 커피를 타느라 내 손이 분주한 중이다. 긴 스푼을 유리컵에 넣어 달그락거리는데 정물화처럼 고요하던 호박이 나를 부른다.

'주인아주머니, 나는 지금이 딱 먹기 좋아요.'라며 애교를 부린다. '이 귀염둥이 내 마음을 어떻게 알았지.' 커피를 한 모금 머금고 마치 옆에 누가 있는 것처럼 중얼거린다. 노을을 등에 업고 날 위한 호박요리를 하기로 마음먹는다. 그동안 아내로 엄마로 살면서 나만 위해 뭔가를 손수해서 먹어본 적이 거의 없는 것 같다. 그렇다면 지금부터는 오직 나만을 위한 요리시간이다. 호박을 번쩍 들어 흐뭇한 마음으로 잠시 바라본다. 호박은 탄탄하고 큼지막하지만 수분이 줄어들어 덩치보다 해깝다.

어릴 때 겨울이면 할머니와 어머니는 물에 불린 쌀을 절구통에 빻았다. 고운 채로 친 쌀가루로 빚은 새알심과 붉은 양대콩을 넣고 호박죽을 쑤었다. 그 맛은 단연 별미였다. 또 모지랑숟가락으로 반달 모양인 호박 살을 쓱쓱 긁어 밀가루와 버무려서, 뒤란 아궁이에 뒤집어 놓고 쓰는 무쇠 솥뚜껑에다 보름달만 한 부침개를 했다. 호박 한 덩이가 참으로 푸졌다. 달작지근하고 고소한 부침개도 호박죽 맛에 버금갔다. 그 맛이 할머니와 어머니의 사랑이었다는 것도, 어머니가 자식들 거둬 먹인다고 별미를 드시지 않았던 이유도 내가 어른이 되고 나서야 알게 됐다.

호박농사만큼 수월한 농사도 별로 없다. 시골이든 도시든 자투리땅이면 족하다. 굳이 자기네 밭이 없는 사람도 호박을 심을 수 있다. 시골에선 주로 토담 밑이나 밭어귀와 언덕배기가 호박밭이 된다. 둥그런 구덩이에 호박 씨앗을 포실포실한 흙으로 묻어 놓으면 죄다 싹을 틔운다. 병충해에 강해 어느 작물보다 사람의 손길이나 정성이 적게 든다.

그래도 불평 없이 쑥쑥 자라주는 게 말썽부리지 않고 잘 커가는 자식 같다고나 할까.

담쟁이 덩굴마냥 줄기가 쭉쭉 뻗어나가 온 담장에 어른 손보다 넓고 큰 호박잎이 너풀너풀 무성해지면 여름이다. 밋밋한 담벼락을 온통 푸르게 덮어 준다. 한결 시원한 느낌이 들고 반찬 걱정도 덜게 된다. 호박잎은 쪄서 쌈으로, 추어탕의 재료에도 빼놓을 수 없다. 호박이 야들야들할 때는 전도 부치고, 자잘하게 채 썰어 볶아서 나물도 하고 국수 고명으로 맛깔나게 얹어 내기 때문이다.

호박을 보며 이런저런 생각에 잠겨 있는데 '그래서 주인 아주머니는 당신을 위해서 어떤 요리를 할 거예요?' 하고 재차 물어 온다. '그래 맞다. 지금 당장 호박을 반으로 뚝 잘라 한 쪽은 보글보글 죽을 끓이고, 한 쪽은 쫀득쫀득한 부침개를 하려고 해.' 이 얼마만인가. 잠시 흥분을 감추지 못한다. 심호흡을 하며 호박을 칼로 자르려는데 느닷없이 시어머니의 얼굴이 눈앞을 스친다. 사나운 폭풍우를 견뎌 낸 이 호박덩이에서 산전수전 다 겪으며 둥글둥글 살아온, 나이 드신 어머님 모습이 겹쳐진다. 거무스레한 검버섯과 굵게 파인 주름살이 이 호박과 닮았다.

싱그럽던 호박잎도 한낮의 불볕더위에는 시들어 축 늘어진다. 그러다 밤사이 이슬을 먹고 아침이면 언제 그랬냐는 듯 생동감에 차 있다. 그처럼 어머님도 대농가의 고된 농사로 몸이 파김치가 될 때가 많으셨다. 하지만 밤새 고된 몸을 단잠으로 달래고 다음날 아침의 호박잎처럼 새 기운을 찾곤 하셨다.

어머님의 꽃같이 젊은 시절도, 마흔에 홀몸이 되어 많은 자식들 뒷바라지하느라 억척스러웠던 때도, 여장부라 할 만큼 위풍당당했던 인생의 황금기도 덧없이 흘러가 버렸다. 가벼워진 호박을 살살 어루만져 준다. 평생 농사를 지으신 어머님의 수고에 보내는 위로라고 해도 될까. 내 마음이 촉촉이 젖어든다.

흔히 못난 사람을 호박에다 비유한다. 그러나 내 생각은 좀 다르다. 아낌없이 다 내어 주는 것이, 버릴 것 하나 없는 것이 가장 큰 이유다. 오래될수록 곰삭아서 깊은 맛이 나는 포도주처럼, 늙을수록 고운 빛깔에 묵묵히 단맛을 내지 않은가. 이런 호박이 얼마나 잘나고 대견한가.

해마다 어머님의 정성이 깃든 네댓 덩이의 누렁 호박을 몇 년간 남편에게 즙으로 해 주었다. 술 좋아하는 남편이 십이지장궤양으로 약물치료를 오랫동안 할 때였다. 군말 없이 그 즙을 꾸준히 먹은 남편의 마음 또한 나는 잘 안다. 어머님께 드리는 사랑의 보답이었다는 것을. 놀랍게도 거짓말처럼 십이지장궤양이 완쾌됐다. 꼭 호박 때문만은 아니겠지만 웰빙이나 힐링을 넘어선, 더 높은 치료 효과가 있다고 봐진다. 이쯤 되니까 누렁호박이 행운의 열매라는 명칭을 얻었나 보다.

한 덩굴에 덩실덩실 열린 여러 개의 호박을 보면 절로 마음이 푸근해진다. 호박을 단단히 지켜 주는 덩굴이야말로 할머니와 어머니, 나와 딸에게 이어지는 튼튼하고 질긴 끈과 같지 않겠는가. 자식을 위해 기꺼이 당신 한 몸 헌신하면서 식구들 수발을 담당한 우리의 할머니와 어머니, 호박처럼 옹골차고넉넉한 심성으로 고달픈 삶을 살아냈다. 호박처럼 수더분하고 모나는 데 없이 너른 집안의 화목을 위해 무슨 일이든 지청구 없이 품어 안았다. 또 호박처럼 배품을 미덕으로 여겼다. 동시대에 살고 있는 엄마라는 이름을 가진 오늘의 여인들, 옛 여인들만큼 한 고생과 희생은 아니더라도 같은 길을 걷는다.

덩굴에 매달린 열매가 떨어지랴 작은 바람에도 호박덩굴은 가슴 졸인다. 진한 모성애가 보인다, 혈육의 끈이란 덩굴과 같은 것이리라. 그 끈이 튼실하도록 불끈불끈 힘을 내야 하는 게 엄마의 자리다. 그런 맥락에서 볼 때 엄마는 식구들 중에서도 복을 불러들이는 첫 번째가 아닌가. 호박덩이를 껴안고 큰소리로 외쳐본다. "호박은 복덩이, 엄마들도 복덩이."라고 말이다.

언제 내 옆에 왔는지 딸아이가 "그래 엄마는 덩굴째 굴러온 복덩이야."라며 활짝 웃고 있다.

돈이 뭐길래

차창 너머 해송 사이로 바다가 보인다. 여무는 나뭇가지 사이사이에 하늘빛이 조각조각 내비칠 때마다 마음이 달뜬다. 바다에 가보고 싶다. 아니, 답답한 마음을 해풍에라도 날 려 보내야 살 것만 같다.

믿는 도끼에 발등 찍힌다고 했던가. 이웃에 살았던 노인을 믿었던 것이 탈이다. 그 노인은 늘 단정한 옷차림과 금테안경에다 약간 희끗하고 곱실곱실한 파마머리로 인텔리 인상이었다. 친정엄마같이 친근했기에 나를 배신할 줄은 몰랐다. 유치원을 운영하는 당신 딸집 장만할 때 부족한 돈을 내게 통사정했다. 수년 동안 쌓은 정과 바쁜소리를 거절하지 못하고 내게는 꽤 많은 모갯돈을 덥석 융통해 주었다. 몇 달 뒤 적금을 타서 꼭 갚아 준다는 말만 철석같이 믿었다. 그러나 십 년 세월이 훌쩍 지났는데도 돈을 갚아 주지 않았다. 노인의 무정함과 태평함에 내 가슴이 숯덩이처럼 새까맣게 탔다.

오늘 셋째 남동생과 노인을 찾아 나섰다. 물어물어 찾아간 길이 몇 백 리였다. 노인은 그동안 온통 거짓말로 도배를 했다. 그것도 모자라 어느 날 몰래 시골로 이사를 가버린 것이다. 노인의 집을 힘들게 찾았으나 하필 가는 날이 장날이라고 노인은 없었다. 허탈했다. 모진 말이라도 퍼붓고 돌아왔다면 화가 덜 날까. 허탕 친 울분을 고스란히 안고 되돌아오는 길이다.

바다엔 깨끗한 수심 아래로 자잘한 자갈들이 훤히 보인다. 노인의 마음을 저 투명한 물속처럼 들여다볼 수 없는 게 오늘 따라 큰 유감으로 다가온다. 크고 작은 바위에는 다닥다닥 붙은 꼬마 따개비들이 물밑 텃밭을 만들어 놓았다. 바위와 바위 사이로 너풀거리는 미역이 물고기처럼 몸을 흔든다.

내 마음도 미역밭에다 미역처럼 풀어헤쳐 놓고 싶다. 무던한 바닷물처럼 그리움이든 미움이든, 기쁨이든 슬픔이든 간에 품은 듯 안 품은 듯 드러나지 않으면 좋겠다. 비릿한 갯냄새와 쪽빛 바다의 기운이 가슴에 덥석 안긴다. 자글자글한 햇살이 바다에 은빛 물결을 춤추게 한다. 성난 파도 같았던 내 가슴에도 잔물결이 일렁거리기 시작한다. 윤슬은 바다의 꽃인가. 무거운 돌덩이를 안은 듯했는데.

언젠가 바다 마을 친수 공간에서 물새들이 펼치는 바다 축제를 보았다. 검푸른 바닷물 위에 수백 마리의 물새가 안방처럼 편안하게 앉아 동동 떠 있었다. 동실동실한 물새의 모습이 쌍쌍이 마주 보고 사랑을 나누는 것 같았다. 이채로운 풍경이었다. 그때 저쪽으로 유람선이 물살을 가르며 신나게 달렸다. 그 순간 유람선 뒤의 하얀 포말 위로 물새들이 떼 지어 날기 시작했다. 앉아 있던 물새 모두가 사랑도 내팽개치고 유람선을 놓칠세라 일제히 뒤따라 날았다. 바람이 요리조리 이끌어 주는 데 한몫 거들었다. 사람 사는 세상처럼 물새들도 그 대열에 끼어들지 않으면 낙오라도 되는 듯 온 힘을 다해 날고 또 날았다. 바다와 배, 물새들의 어울림이 사람을 불러모았다.

오아시스가 사막이 있기에 아름답다면, 물새가 없는 바다는 싱거울 것이다. 배와 물새가 색다른 퍼레이드를 벌이는데도 바닷물은 여전히 푸르기만 했다. 바다에서 일어나는 일에 대해 왈가왈부하지 않았다. 다만 그 무엇이 해코지를 할 때는 찡그릴 테고, 축제를 벌일 때는 환하게 웃을 테다.

바위에 파도가 스륵 미끄러진다. 바위는 집을 지키는 검둥이 같고, 파도는 집을 찾아온 손님 같다. 바위가 파도와 친구하고 싶지만 파도는 훌쩍 떠난다. 그래도 바위는 다시 올 파도를 기다린다. 바위와 파도 사이에 일어나는 일을 둘이 말고는 누가 알까. 파도가 바위에 온몸으로 안겨 봐도, 부딪치며 어깃장을 놓아도 바위는 귀가 먹은 척, 눈이 먼 척하는지도 알 수 없다. 노인을 찾아간 내가 파도 같다면 노인은 바위보다 더 굳고 끈덕져 보인다.

저쪽 너머에는 해녀 몇몇이 물질에 한창이다. 빨간 테왁 위로 검은 물체가 물 위로 불쑥 솟았다가 풍덩 물속에 빠진다. 테왁은 해녀들의 일터라는 것과 생명줄이라는 것을 알려준다. 해녀들이 해삼, 멍게, 전복 같은 해산물을 건져 올린다. 아니 돈을 낚아 담는다. 넓은 바다를 자맥질하는 저들의 의지가 바다만큼 강하다. 굳센 그들 앞에서 한없이 작은 나를 본다. 거센 파도도 해녀들의 자맥질에는 성깔 부리지 못한다. 바위도 해녀도 아닌 내가 시름덩이를 바다에 쉬이 흘려보내지 못해 석고상처럼 앉아 있다.

물새 한 마리가 조비비는 내 마음을 아는지 옆에서 자꾸 맴돈다. 물새는 저처럼 훌훌 털고 돌아가라는 듯 날개를 푸드덕거리며 방파제에 내려앉았다가 또 다시 날아오른다. 날렵한 몸짓으로 나를 위로하지만, 파도 소리에 시름이 파도처럼 잘게 부서져도 마음은 여전히 천 근 무게다. 그 놈의 돈, 돈, 돈이 뭐길래.

사람이 죽는 것도, 사는 것도 돈에 달렸기도 하다. 어떤 사람은 돈이 넘쳐나 불행을 자초하기도 하고, 어떤 사람은 돈이 너무 궁해 속병을 앓기도 한다. 돈은 양면성이 짙지만 사명감도 없고 책임감도, 인정도 없는 매몰찬 쪽으로 더 기우는 것 같다. 톨스토이는 ≪전쟁과 평화≫에서 '아~, 돈 때문에 얼마나 슬픈 일이 이 세상에서 일어나고 있는 것일까.' 라고 한탄했다. 또 성경에는 '돈을 사랑하는 것은 모든 악의 뿌리'라는 구절이 있다. 정말 돈 때문에 빚어지는 사건들은 많다. 사랑을 배반하고, 우정에 금이 가고, 부모와 형제간에 원수가 되는, 비극까지 초래하는 것을 티브이를 통해 종종 보게 된다. 진정 돈에는 악을 부르는 마魔가 숨어 있는 것인가.

저만치 짙푸른 물결 위로 넘실거리는 검은 돈이 나를 유혹한다. 바다가 흔들흔들 돈 춤을 춘다. 파도보다 더 힘센 것이 돈인가. 돈은 파도를 누르고 승리의 축배를 든다. 비록 저 돈이 실루엣이라도 좋다. 돈을 건져오고 싶은 욕구가 불쑥 솟는다. 손아귀가 터지도록 거머쥔 돈을 지향 없이 뿌려본다. 영화 속에서나 본 돈의 객기를 맘껏 부린다. 무아경이다. 돈 벼락을 맞으면 이 기분일까.

노인에 대한 원망도 미움도 약간 누그러든다. 내가 바다처럼 노인의 허물을 다 싸안지는 못하지만, 가슴이 바다처럼 조금씩 넓어지고 푸르러진다. 나는 바짓가랑이를 무릎까지 동동 걷어 올리고 어느새 미역을 따고 있다. 간간이 부는 바람이 내 어깨를 살짝 쳐주고 가볍게 지나간다.

반짇고리

돋보기를 쓰고 손가락에 골무 낀 내 모양새가 노인 같아 보인다. 지금 나는 이불을 꿰매고 있다. 굵은 바늘이라 귀 꿰는 것은 더듬지 않아도 된다. 단지 풀 먹인 빳빳한 홑청과 두꺼운 솜을 뚫고 나가는 바늘이 힘들겠다. 우는 아이 달래듯이 바늘을 살살 어른다.

골무는 바느질을 할 때 요긴하게 쓰인다. 이 골무는 어머니가 가죽 골무 한가운데의 헝겊에다 색색의 수를 놓아 내게 준 것이다. 손가락을 보호해주는 골무는, 전쟁터에서 총칼이나 창을 막아 주는 방패와 같다. 골무가 손가락을 지켜 준다면 옷은 몸을, 신발은 발을, 머리는 머리카락이 보호막이다. 식물도 동물도 보호막이 없다면 삶을 영위하지 못할지도 모른다. 식물에는 깍지와 껍질이, 동물에는 털이 보호막이 아니겠는가.

어릴 때 어머니의 반짇고리에는 골무가 늘 몇 개씩 들어 있었다. 어머니는 많은 식구들의 해진 옷가지와 양말을 깁고 버선을 만들었다. 또 할머니와 아버지, 어머니의 한복을 손수 지었다. 무명천의 이불과 베개 홑청까지. 촘촘히 한 박음질이 재봉틀로 한 것과 별반 다르지 않았다. 어머니 손에서 바느질거리가 떠날 날이 없었으니 골무도 어머니 따라 몹시 바빴을 게다.

밤마다 내 머리맡에는 반짇고리가 열려 있었다. 어머니는 호롱불 밑에서 바느질에 여념이 없었다. 호롱불빛이 어머니의 얼굴을 환하게 해 주었다. 고달팠던 시집살이의 한과 잡다한 수심들을 반짇고리에 차곡차곡 눌러 담고, 자식들 앞날의 꿈을 한 땀 한 땀 바느질로 여미었지 싶다. 괴로움과 아픔을 인두로 지그시 누르며, 수없이 많은 다짐을 바늘귀에 꿰어 꼭꼭 기웠을 테다.

어머니가 챙겨 준 이 골무에는 어머니가 품고 있는 사랑이 가득하다. 골무 역시 주인을 사랑한다고 봐야겠다. 골무처럼 주인 위해 아픔을 감수해야 하는 도마, 모탕, 갑옷의 희생이 골무와 같은 맥락일 것이다.

나는 반짇고리를 수시로 열어 본다. 그 속에는 어머니의 사랑이, 어머니를 그리워하는 내 마음이 어우러져 있다. 그래서 무의식중에 내 손이 반짇고리에 자주 가는 모양이다.

반짇고리를 안방 문갑 위에 두고 들락날락할 때마다 반짇고리에 눈이 머문다.

어머니는 내가 결혼할 때 질 좋은 이불솜을 구하느라 몇 십 리 길도 마다하지 않으셨다. 그 큰 정성이 담긴 이불이라 더욱 따스하고 폭신하다. 양털구름 같은 솜을 한 켜씩 놓으면서 딸의 앞날을, 그렸을 것이다. 몽실몽실한 솜처럼 삶이 부드럽기만 바랐을 것이고 솜처럼 따뜻한 사람이 되길 기원했으리라. 나도 어머니의 손길이 담긴 이불솜을 다시 탈 때마다 그 사랑이 줄어들까 마음 졸였다.

반듯반듯 네 귀를 접어 이불을 꿰맸다. 일이 많았던 만큼 푸근하다. 지퍼 하나로 이불 홑청을 열고 닫고 하는 간편한 이불도 있다. 우리 집에도 아이 방에 것은 지퍼로 된 이불이다. 홑청을 삶고 풀 먹여 다듬는 것이 귀찮고 번거로워서 이 이불도 바꿀까도 했지만, 고이 펴고 개킬 때마다 어머니를 그리는 게 좋아 그만두었다.

반짇고리는 긴 세월에 흠이 가고 빛이 바랬다. 반짇고리와 골무의 나이도 이불과 동갑내기다. 모두 나와 같이 늙어 가는 처지라 연민이 인다. 내 얼굴에 주름살이 늘어나는 만큼 이 물건들은 빛을 잃어 간다. 색상이 희미해 가는 것은 내 곁에서 떠나려는 채비를 하고 있다는 증거다. 그래도 반짇고리가 나와 오래도록 여정을 같이할 테다. 그 속엔 언제나 내 꿈을 채워 넣는 재미가 있기 때문이다.

아버지와 어머니의 유품은 차이가 많이 났다. 아버지 것은 당신이 아낀 조상들로부터 물려받은 족보와 교지, 문집과 생활지침목이 전부였다. 그것은 집안 내력이자 대대로 지켜온 소장품이었다. 어머니 것은 반짇고리 속에 바느질 도구를 두루 갖추어 놓았다. 또 조부모의 제삿날과 자식들의 생년월일과 난 시를 맏이 것부터 막내 것까지 차례대로 쪽지에 적혀 있었다. 다가올 세월을 미리 담아 둔 반짇고리였다.

어머니가 손수 만들었던 바늘 쌈지를 갖고 싶었다. 그 쌈지에는 어머니의 체취가 묻어 있었고, 모녀간의 추억이 담겨 있었기에. 어머니가 병환이 났을 때 경황이 없어 뒤로 미루었던 것이 잘못이었다. 내가 찾았을 땐 바늘쌈지가 보이지 않아 아쉬움이 컸다.

언젠가 반짇고리 전시회에 갔다. 정교한 반짇고리 하나하나에 어머니의 골무 낀 거친 손이 그 위로 어른거렸다. 거기에는 고향이 있었고, 어머니의 숨결을 느낄 수 있었다. 옛 여인들이 남기고 간 살뜰한 지혜도 함께 보여 마음이 짠해 왔다.

골무라는 이름을 가진 야생화가 있다. 그 꽃이 꼭 골무를 닮았다. 진보라색이 슬픔의 그늘처럼 느껴진다. 떨군 고개가 더없이 애잔하다. 옛 여인들의 한과 아픔이 꽃이 되어 눈물이 됐나 보다. 어쩌면 과거 보러 떠난 임을 그리며 바느질했을, 어느 여인의 넋일지도 모른다는 생각이 든다.

어머니가 내게 반짇고리와 골무를 주었듯이 나는 딸아이가 결혼할 때 무엇을 줄까. 작고 하잘것없어도 오래 간직할 수 있는, 생활에 자주 쓰이는 것이었으면 좋겠다. 그것이 무엇인지 곰곰이 생각해 본다.

반짇고리에는 어머니의 초상화가 들어 있다.

팽나무 그늘

우리 가게 앞길에는 벚나무가 즐비하다. 나무 그늘이 한여름의 더위를 멀리 달아나게 한다. 나뭇잎들도 살래살래 부채질을 해준다. 나뭇잎이 흔들리는 소리가 참으로 운치 있고 때론 정성스러운 부채질이 대견해 나무한테 말까지 건다.

그늘에 놓인 평상을 노인들은 당신들의 안방같이 여긴다. 더러는 길 가던 행인들도 스스럼없이 끼어들어 시간을 소일하는 장소이기도 하다. 노인들이 장기와 바둑을 두며 담소를 나누는 모습이 정겹다. 내 고향 같은 정취다. "삶의 그늘을 아무나 드리우는 것은 아니다. 사나운 비바람을 이겨내야 뜨거운 그늘을 소유하게 된다."라고 한 시구처럼 저 풍성한 그늘은 노인들의 지난했던 세월이 준 선물일 것이다.

칠월의 숲은 참으로 의연하다. 내리쬐는 폭염에도 끄떡없다. 더위를 이기게 하는 유일한 무기다. 더운 날 집에서 나섰을 때 땀 식혀줄 그늘을 만나면 친구처럼 반갑다. 나무들의 울창한 숲이라도 만난다면 천군만마를 얻은 듯하다. 비단 숲그늘이 아니어도 육교 밑, 전봇대 옆, 건물의 그림자도 구세주다. 거기에 햇볕을 차단시켜주는 양산은 나무 그늘에 비할 수 없지만 한없이 고마운 물건이다. 양산 쓰는 일이 여성에게만 주어진 특권처럼 갖가지의 패션으로 하늘하늘 뽐낸다.

내가 어릴 때 양산이 참으로 귀했다. 도시에 사는 친구 언니가 하이힐을 신고 양장을 멋스럽게 차려 입은 데다 색상 고운 양산까지 활짝 펼쳐 들고 왔다. 도시의 화려함만큼 눈부셨다. 앞집 순이 언니도, 내 어머니도 양산을 갖는 게 소원 중의 하나였다. 그랬던 양산이 언제부턴가 여름이면 아가씨, 아주머니, 안노인들에게 필수품이 됐다. 활짝 핀 색색의 양산이 꽃처럼 벙글어 거리를 유혹한다. 접혔던 여성들의 삶도 양산처럼 환하게 펼쳐졌음을 보여 준다고 할까.

여름에 짙은 그늘과 물이 함께 있으면 금상첨화錦上添花다. 내 고향 냇가 널따란 마당에는 고목의 팽나무 한 그루가 있었다. 나무 둥치가 두 팔로 실히 몇 아름이나 됐다. 숲이 울창할 때는 마을 사람들의 쉼터가 돼 주었고, 오랜 세월 마을의 수호신이자 고향의 역사였다. 궂은 일, 기쁜 일을 지켜본 산 증인으로 온 동네를 비춰 주는 큰 거울이었다.

팽나무 밑 개울가에는 사철 아낙네들의 빨래터였다. 팽나무는 추운 날 빨래터의 바람을 막아주고, 더운 날 큰 그늘을 주었다. 빨래터에서 어머니와 딸은 주고받는 인정 어린 이야기로 정이 더 두터워졌고, 며느리들은 시집살이 설움을 두 손으로 빨래와 함께 싹싹 문질러 냇물에 흔들어서 흘려보냈다. 빨랫방망이 소리도 전자는 다정했고, 후자는 애련했다. 의뭉스러운 남정네들은 빨랫방망이 소리에 담긴 깊은 뜻을 아는지 모르는지 탁배기 사발만 주고받았다. 어울려서 잔주하는 장소로 여기는 것 같았다. 아낙네들의 고달픈 삶을 위로하듯, 남정네들의 농주 맛을 돋우는 듯 너불너불 흔드는, 나뭇잎과 면경같이 맑은 물이 신랑각시처럼 속살거렸다.

팽나무 밑에서 음력 정월에는, 나쁜 액은 떨쳐 버리고 한 해의 무사와 풍년을 기원하는 지신밟기를 했다. 이월에는 영등할미 바람제祭를 올렸고, 삼월삼짇날, 사월초파일, 오월단오, 칠월백중맞이를 했다. 오랫동안 이어온 미풍양속이었다. 그때마다 어른들은 술로 여흥을 즐겼고, 아이들은 떡이랑 과일을 얻어먹는 재미가 쏠쏠했다. 흐드러진 나뭇가지가 남실바람에 춤을 추며 흥을 보탰다. 그러나 내게는 팽나무 그늘에서 생긴 지울 수 없는 아픔 하나 가슴에 안겨 주었다.

축제였던 오월단오제가 무르익을 때였다. 그 때문에 숙부는 과음을 한 탓으로 늦은 밤에야 귀가했다. 숙모도 한바탕 벌어진 아낙네들의 단오잔치에서 권하는 농주 한잔에 취해 건넌방에서 먼저 잠이 들었다. 그날 밤 숙부가 심장마비로 이승과 이별한 것을 식구들은 아침에야 알게 됐다. 한 첩의 약도 써보지도 못한 채 애통한 죽음을 맞은 숙부의 나이가 마흔 중반을 채우지 못했고, 숙모 나이도 겨우 마흔 밑자리였다.

숙모는 긴 시간 동안 의식을 잃었고 사촌들도 울다울다가 지쳤다. 할머니까지 가슴 찢는 슬픔을, 이겨내지 못해 실신하고 깨어나기를 몇 번이나 하셨다. 아버지는 형제간의 우애가 아주 돈독했다. 숙부의 출상 때 사토장이가 사람 키보다 깊이 파놓은 광중壙中의 하관포 옆에 뛰어들어 너를 이대로 보낼 수 없다며 대성통곡 했다. 지켜보던 많은 사람들이 한동안 눈물바다가 되어 산천초목도 함께 울었다. 동생을 먼 길로 보낸 후 아버지는 사무친 그리움으로 신경성 질환을 오래도록 앓으셨다.

그 후 내가 고향을 찾을 때마다 숙모와 사촌들의 가슴에 검은 그늘을 드리워 준 팽나무는 가지가 축 늘어져 슬픔에 잠겨 있었다. 언제나 따뜻하게 맞아 주었던 고향의 자혜로운, 순후한 기운이 도는 내일의 삶과 꿈을 재단하고 영글게 하는 그늘이 아니었다. 팽나무가 다시 숙모의 식구들을 보듬어 주었다 해도 어둠이자 절망의 그늘일 뿐이었다. 땡볕을 막아주고, 정신적 지주가 되어줄 남편과 아버지의 그늘은 든든한 배경이지 않은가.

짙은 그늘은 때 없이 숙모집 대문을 여닫으며 집안으로 들어섰으리라. 그때마다 숙모는 말로 다하지 못할 고통을 가슴에 묻었다. 책가방을 든 사남매 자식들에게 바람 불면 바람막이가 되고 비 오면 우산이 되고, 오르막길엔 지팡이가 돼 꿈이 가득한 꽃그늘을 드리워 주었다. 강물 위로 이물질이 떠다녀도 바람 따라 잔잔하고, 때론 굵은 물결이 인다. 하나 수심은 깨끗하고 고요하다. 숙모도 그처럼 마음을 내비치지 않았다. 그것이 화근이었을까. 숙모는 훗날 큰 속병을 앓고 말았다. 사촌들은 또 한 번 안타까움을 겪어야만 했다.

고향의 터줏대감이었던 그 팽나무도 언제였는지 역사의 뒤안길로 사라졌다. 숙부의 혼을 따라 갔는지도 모른다. 벗을 잃은 냇물만이 햇빛에 반짝거리며 사시장철 허허롭게 흘러간다. 이제 부모 세대의 어사무사한 어른들은 다 영면에 들었고, 사촌들과 일가, 친지, 친구들도 일찍이 모두 도시로 떠나버린 쓸쓸하고 덧없는 고향이 됐다. 지나간 세월의 달콤 쌉싸름한 향수만이 내 가슴에 물결무늬로 아롱져 있다. 그래도 고향이 그리운 것은 고향의 풍경이요 추억인 그 팽나무를 만나고 싶어서인지도 모른다.

아직도 두 평상에는 장기와 바둑 두는 게 끝나지 않았다. 해 질 녘이 지나고 가로등이 하나둘 켜져도 놀이에 열중인 사람들과 구경꾼들로 여전히 붐빈다. 모두의 얼굴이 불빛처럼 환하다. 가슴에 안고 있는 각자 다른 아픔의 그늘은 장기판에서 외치는 장군아 멍군아 하는 소리가 데리고 갔지 싶다.

빨간 벽돌 이층집

단독주택 한 채가 속절없이 무너져 내리고 있다. 붉은 포크레인이 무지막지 빨간 벽돌 이층집에다 압력을 가한다. 칼날같이 날카로운 입으로 집 구석구석을 차례대로 콕콕 쪼아댄다. 집은 포크레인의 가혹한 횡포가 무서운가. 맥을 놓고 있다. 이리저리 두들겨 맞아 터지고, 깨지고 찢기어 만신창이 된다. 아프다고 울기라도 하면 좋으련만. 놀란 옆집도 뒷집도 곁눈질하며 언젠가 제 앞에 닥칠 일이라며 속울음을 삼키는 듯하다. 먼지들이 집 대신 항변해 주겠다며 폴폴거리며 죽기 살기 기계에 달라붙는다. 포크레인은 먼지까지 눈엣가시로 여기는지 한사람이 먼지에 긴 호스로 물을 흩뿌린다. 포크레인이 그러라고 친히 명령을 내린 것 같다. 기습적인 물세례에 먼지는 숨도 못 쉬고 납작 엎드린다.

신난 포크레인은 더 빠른 속도로, 더 요란하게 야금야금 집을 허물어 간다. 폐기물 위에 쏟아져 나온 무단해체, 산산조각이라는 단어들이 시위를 하는 냥 부표처럼 떠다닌다. 거기에 쑥쑥 불거진 철근들도 포크레인에 태클을 건다. 기계의 커다란 입을 매섭게 노려본다. 그걸로 성에 찰까. 이십 수년을 세면덩이에 억눌린 채 집을 지탱해 준 건물의 뼈가 아니었던가. 이렇게 하루아침에 황망히 내쳐질 줄 몰랐으리라.

이곳은 도시철도역 부근이다. 이 삼 년 전부터 팔구층대의 신 빌라가 심심찮게 들어서고 있다. 재개발지역에 폼 나게 들어선 대단지의 영바람 아파트와는 분위기가 완전 다르다. 백화점과 마트의 차이랄까. 빌라 건설업자 쪽에서 소방 도로라도 접한 땅을 확보해야 되니 멀쩡한 집도 부숴야 될 테다. 대개 나란한 두 세 채의 주택을 한꺼번에 허물고 빌라를 번듯하게 짓는다. 똑같은 행보를 걷고 탄생한 빌라 여러 동이 이미 이 집터 옆으로 얌전하게 서있다. 새롭게 탄생할 빌라가 덧보태지면 일명 빌라 촌이 형성될 조짐이다. 그 덕분에 시야는 산뜻해지겠지만 새것을 얻기 위해 아직 쓸모 있는 것들을 가차 없이 버려지는 게 너무 안타깝다. 많은 사람이 흘린 땀의 가치까지 앗아 가는 것 같아서다.

빨간 벽돌 이층집을 장만하는 게 로망이었던 시절이 있

었다. 작은 뜨락에 한 두 그루의 목련나무가 새하얀 꽃을 피우고, 빨간 장미꽃이 울을 장식하는 집이 인기가 높았다. 그 집 앞을 지날 때 백목련 꽃이 내 이름도 불러주는 듯해 초대된 손님인양 꽃에 포근히 안기곤 했다. 담 너머로 훈감한 음식 내음이, 향기로운 웃음소리가 철철 넘쳤다. 행복나무가 있는 그 집에 사는 이들도 부러웠다. 꽃을 벗 삼으면 마음부터 한없이 해맑을 것만 같았고, 꽃처럼 화사한 일이 줄 장미 덩굴처럼 줄줄이 이어질 것 같았다.

오늘 작별을 고한 이 집은 날마다 내가 일터로 가는 길목에 있다. 자연스레 집의 관찰자가 됐다. 철따라 계절 인사를 해 주던 나무와 꽃에 정이 푹 들었다. 또 언제 한번 내 또래로 보이는 집주인 아주머니에게 말을 걸 생각이었건만 얼쩡거리다 놓친 기회가 몇 번인가. 붙임성이 없는, 무상무심을 더 좋아하는 내 성격 탓이다. 달포쯤 됐을까. 이 집의 일이층 사람들이 한날 이사를 갔다. 나는 뭔지 모를 서운함과 아쉬움이 밀려왔다. 서로 풋인사를 나눈, 말 한마디 주고받은 적이 없는데도. 여남 해 동안 그 아주머니에 대해선 늘 호의적이었다. 빨간 벽돌 이층집을 동경의 대상으로 여겼기 때문일 테다.

덩그러니 비어있었던 이 집은 한 달가량 적막강산이었다. 어둠이 드리워진 폐가처럼. 해가 맑은 날 하루씩 몇 명의 인부가 창문을 떼 내는, 마당의 꽃나무와 장독을 싣고

가는 작업에 바쁠 뿐이었다. 창이 없는 문이 더 너른 품으로, 화분 없는 이층 난간이 긴 팔로 옛 주인을 안아 주겠다는 시늉만 하고 있었다. 시간이 흐르면서 그 집의 무게는 점차 가벼워졌다. 덜컹거릴 창문하나 없어 바람도 비켜갔다. 나무도 장독간의 항아리들도 자취를 감추자 쉬어가던 구름도 오지 않았고, 햇볕도 놀다가지 않았다. 볕바른 화단에서 조느라 나른하던 고양이조차도 안 보였다. 그 모두가 사람과 함께 할 때 신바람이 났던 모양이다.

이 집을 세상과 아주 이별 시킬 포크레인이 불쑥 나타났을 때 집의 처지에서 이보다 더 황당무계한 일이 있었겠는가. 앞으로 몇 십 년은 더 건재해도 될 만큼 튼튼한 집이였으니. 건물의 수명을 임의적으로 앞당길 때는 벌금이라도 물리는 건축법이 있으면 좋겠다.

숨 쉬고 있는 거대하고 고급인 쇼핑몰 상가 건물을 허문지 얼마 안됐다. 몇 년 전 같은 구에 들어선 두 대형 백화점, 그곳에 밀려 고객이 현저히 줄어 든 게 이유다. 그 자리에 초고층의 주상복합 건물 공사가 한창이다. 한때 해운대의 중심지라 해도 될 요지에 듬직하게 서서 뽐냈는데. 이제 겨우 열다섯 살 된 건물의 생명줄을 끊어버렸으니 날 벼락을 맞은 것이다. 신축 건물을 천하에 선보이던 날, 힘차게 울려 퍼졌던 그 축하 팡파르의 여운이 채 가기도 전이 아닌가.

사람도 예고 없는 사고로 할 일을, 태산같이 남겨둔 채

수명을 다하지 못할 때가 종종 있다. 그 허망함이 가족들과 친지들을 얼마나 오열케 만드는가. 그기에 비하면 건물이 뜯기는 건 하나도 답답할 것도 없다. 그러나 형장의 이슬처럼 가뭇없이 사라져버리는 데에 애석한 마음이 생긴다. 기록을 모으면 역사가 된다. 건물의 역사는 희로애락을 심어 놓고 간 사람들이다. 그 기록들을 오롯이 안고 간 빨간 벽돌 이층집, 그 집을 역사의 뒤안길로 조용히 물러갔노라고 해 주어야 덜 서러워할 것 같다.

어떤 목적에서든 소멸은 슬프다. 아쉬움과 미련이 남는 것도, 사람에 의해 죽고 사는 것도 어찌 집뿐이겠는가. 하지만 하필 왜 엄동설한에 집을 허무는지. 마음이 매운바람만큼 차다.

작은 마당이 있어 더 포근한 단독 주택들이 아파트 대세에 밀려 설 자리를 점점 잃어 간다. 시내 근교 산위에서 내려다 본 도심의 풍경은 소곳이 엎드려 있는 단독주택들이 마천루를 자랑하는 아파트 기세에 납작코가 된 듯하다. 조금은 씁쓸하다. 정겨운 이 주택들을 언제까지 보게 될는지. 동네 들머리에서 주택의 상징물처럼 서 있었던 빨간 벽돌 이층집, 오래도록 내 기억 속에 아름답게 남길 것이다.

뿌리

남편의 성姓은 본관이 하나뿐인 청주 한가이다. 자기와 성씨姓氏가 같은 사람을 남편은 전부 일가라고 한다. 내가 어쩌다 그 사람들을 칭할 때 종씨라고 하면 꼭 일가라고 되새겨 준다. 아니 몇 번이나 일가라고 강조한다. 유별나다 싶다가도 당연한 것 같기도 하다.

한 민족의 뿌리는 똑같다. 같은 조상에서 성이 나뉘어질 뿐이다. 한 나무 둥치에서 큰 가지 잔가지가 뻗어 나가듯이. 자손이 번성하여 일가가 많은 집안이 큰 나무와 같다면, 일가가 적은 집안은 작은 나무와 같지 않을까.

우리 가게 앞길에는 커다란 나무가 많다. 그쪽은 작은 야산을 끼고 있다. 여름이면 나무 아래 놓인 두 평상은 주민들의 쉼터다. 몇몇 노인들은 매일 장기나 바둑을 두기도 하고, 이런 저런 정담을 나누며 시간을 소일한다. 어떤 날은 성씨로 뿌리를 운운하며 서로가 더 나은 양반이라고, 뿌리가 더 깊다고 주장을 한다. 그들은 당신들의 성에 대한 애착과 긍지가 대단한 것 같다.

어릴 때 아버지도 그랬다. 집성촌이었기에 이웃과는 왈가왈부할 일이 없었다. 가끔 오셨던 외숙부들과 술상을 앞에 놓고 두 성씨 중에 누가 더 한 수 위의 양반이라는 말이 오고 갔다. 외숙부들은 자기네의 성은 쇠똥에 굴러도 양반이라며 반색을 하였다. 나는 어린 마음에도 은근히 아버지 편이 되곤 했다.

딸아이가 고등학교에 다닐 때였다. 조선시대 때 중전의 성씨 중 자기와 같은 성을 가진 사람이 가장 많았다는 말을 자랑 삼아 했다. 그때 나도 모르게 "그래, 너희 외갓집에도 임금께 받은 교지敎旨가 있다. 그것은 윗대 할아버지가 벼슬을 했다는 징표다."라고 하는 내 목소리가 높아졌다. 왜 그런 말이 스스럼없이 나왔는지 알 수가 없다. 나도 은연중에 성姓에 대한 집착이 있었던 모양이다.

아버지는 한지에 싸인 그 교지를 신주 모시듯 하셨다. 큰 가방에는 누렇게 바랜 여러 권의 족보族譜와 한시가 든 문집文集 몇 권이 들어 있었다. 그것을 선반에 고이 얹어 두셨다. 가방은 빛이 바래고 모퉁이가 다 낡고 닳아 볼품이라곤 없었다. 묵은 세월을 만날 안고 있었으니 가방인들 성하겠는가. 아버지가 친인척이 오면 마치 보물인 양 교지를 꺼내어 보여주곤 하였다. 글자 한 자 한 자를 일일이 설명하는 아버지의 얼굴이 정말 환해졌다. 할머니와 어머니는 잔잔한 미소만 지었다. 나도 덩달아 기분이 좋았던 것 같다. 교지는 아버지에게 보이지 않는 힘을 실어 주었다고 믿고 싶다.

내가 결혼하고 몇 달 후에 아버지는 다시 못 올 길을 떠나셨다. 그 후 쭉 교지를 잊고 지냈다. 근 스무 해나 지나고서야 친정 집 거실에 교지 액자가 달력처럼 붙어 있는 것이 눈에 띄었다. 아버지를 다시 뵌 듯하여 참으로 반가웠다. 애석하게도 아버지 사진이 없던 터였다. 교지가 아버지의 사진을 대신해 준다고나 할까.

아버지, 어머니 기일에 우리 형제자매는 그 교지에서 아버지의 정성과 숨결을 느낄 수 있다. 제사지낼 때 둘째 남동생이 축문과 지방을 쓴다. 축문 읽는 동생의 뒷모습과 목소리가 아버지를 쏙 빼닮았다. 그래서 해가 바뀌면 부모님 기일이 더 기다려지는지도 모르겠다. 교지는 형제자매 간에 만남의 징검다리도 되어주고, 돈독한 정이 솟아나게도 해주는 셈이다.

뿌리 없는 나무는 없다. 사람은 모두 성이 있다. 그럼에도 굳이 성으로 뿌리의 위아래를 찾는다면 통상 큰 나무만 좋다는 것과 무엇이 다르랴. 큰 것은 큰 대로 위엄과 넉넉함이 있고, 작은 것은 작은 대로 아담하고 아기자기한 것이 나무인 것을. 사람의 성도 일가가 적고 많은 차이일 뿐이다.

길을 넓힌다고 가게 앞에 일렬로 서 있는 나무뿌리 한쪽을 포클레인으로 무차별 파헤쳐 버렸다. 나무는 서른 살도 더 먹어 덩치와 키가 크다. 엉켜 있는 뿌리가 대부분 드러나 안쓰럽다. 거기다 비까지 잦아 나무뿌리 주변의 흙이 거의 떠내려갔다. 경사가 심하여 통째로 나무가 넘어질 것 같건만 용케 버티고 있다. 아슬아슬하다. 급작스레 집을 덮칠까 봐 불안하다.

나무의 혜택으로 누렸던 마음의 풍요를 잃지 않을까 하는 고민이 앞선다. 이러고도 나무의 아픔을 안다고 할 수 있을까. 나무는 한쪽 뿌리가 잘려 나가 고통스러워 하는데 나는 내게 올 득과 실을 셈하고 있다니. 이런 나를 나무는 뿌리 얕은 나무와 닮았다고 하는 것 같다.

파헤쳐져 있는 저 나무들의 뿌리가 똑같다. 엉켜있는 모양새와 색깔까지도. 다만 나무 이름만 다르다. 사람도 성이나 얼굴이 제각기 다를 뿐이다. 모든 식물은 땅 밑으로 뿌리를 내리고, 사람은 성이 곧 뿌리가 아닌가.

나무가 태풍에 버틸 수 있는 것은 뿌리 덕이다. 사람도 어떤 일로 마음이 너무 아파 삶, 그조차도 힘들 때가 더러 있다. 그때마다 부모 형제 자식을 떠올리며 절망의 늪에서 헤어나기 위해 애를 쓴다. 자신을 지탱하게끔 하는 것은 뿌리의 힘이다. 성이 곧 구심점이 되어 주는 것이다.

나는 아버지가 보고 싶을 때 친정의 교지를 떠올린다. 군데군데 누렇게 변색되어 얼룩이 지고 모서리가 찢겨 나간 것이지만 몇 백 년의 세월이 그 속에 있고, 아버지의 손때와 마음이 그 안에 있기 때문이다.

아버지의 목소리가 들리는 듯하다.

'뿌리는 집안의 내력이다.'

태산목泰山木

우리 집 뜰에는 커다란 태산목 한 그루가 있다. 서른 해의 세월만큼 들차다. 집 찾아오는 사람에게 약도를 말할 때도 태산목이 있는 집이라 꼭 하게 된다.

태산목은 목련과이고 원산지는 북아메리카이다. 우리나라에는 남부 이남에만 분포되어 있다고 한다. 상록 교목으로 사철 중에도 겨울에 잎이 더 짙푸르고 무성하다. 엄동설한에도 움츠림 없이 당당하다. 의연함을 잃지 않아 생명력이 넘친다. 조락의 계절에는 바람막이가 되어 준다. 여름에는 이파리에 뚝뚝 떨어지는 굵은 빗방울 소리가 더위를 한 걸음 물러가게 하는 듯하다. 푸른 하늘이 잎사귀 사이로 언뜻언뜻 보이고, 봄바람과 살랑살랑 놀고 있는 이파리가 보기 좋다.

오월부터 유월까지 가지 끝에 새순을 틔워 꽃이 피고 진다. 목련꽃을 닮았다. 꽃은 목련보다 더 크고 향기 또한 짙다. 이파리 위에 나부시 얹혀 있다. 하얀 꽃송이는 파란 하늘에 흰 구름을 연상케 한다. 진한 핑크향이 독특하다. 탐스러운 꽃잎이 한 겹씩 보태는 과정이 배추가 속을 채워가는 것과 흡사하다. 노란 속잎이 터져 나오면 배추의 겉잎은 누렇게 떡잎으로 진다. 그것은 마치 자식을 위해 다 내어 주고 늙어가는 어버이의 사랑 같다. 그처럼 태산목도 꽃을 피울 때 이파리는 누릇누릇해져 떨어진다.

혹한에도 끄떡없이 청정하고 늠름하던 기상은 어디로 가고, 가녀린 풀 한 포기도 푸름이 절정일 때 낙엽이 진다. 심한 몸살을 앓는 것처럼 보인다. 당찬 덩칫값을 못하는 것 같기도, 계절을 역행하는 것 같기도 하다. 아름다운 장미에 가시가 있듯 태산목의 흠은 그것이다.

태산목 이파리의 앞면은 짙푸른 색에 윤기가 흐르고 뒷면은 약간 갈색을 띤다. 두텁고 빳빳하면서 큼직하다. 비와 달빛을 머금고 있어 더 클 것이다. 비가 잦은 계절에 몇 달간 이파리는 시나브로 떨어진다. 긴 장마 내내 젖은 낙엽을 치워야 하는 게 곤혹스럽다. 활엽수와 달라 이파리가 얼마나 떨어졌는지도 알 수가 없다. 일부의 이파리만 낙엽이 되므로 분간하기 어려운 것이다. 마당에 낙엽이 보이지 않을 때 초가을이 왔다는 것을 느끼게 된다.

앞집 아주머니는 떨어진 이파리가 하수구를 막는다며 낙엽을 비닐봉지에 담아 담 너머 우리 마당에 툭 던져 놓는다. 또 나뭇가지가 창문을 두드리는 소음도 싫다고 한다. 그럴 때 마음이 상한다. 하지만 이내 그윽한 꽃 향취에 젖고 만다. 앞집에서도 아침마다 잠을 깨워주는 꽃향기를 아마 마다하지 않을 성싶다.

남편은 이웃 간의 불편함을 모른 척할 수 없는 모양이다. 태산목을 아주 많이 잘라 내야겠다며 걱정을 한다. 이런 사정을 알았던지 며칠 전 조경사가 때마침 찾아왔다. 어쩐지 해결사로 보였다. 키 큰 태산목을 팍팍 잘라내되 보기 좋게 다듬어 준다고 했다. 그러는 데는 인건비가 썩 비싸다고 하였다. 나무가 있어 그만한 애로를 겪어야 하니 그저 얻어지는 것은 없나 보다.

이런저런 갈등이 많다. 딸아이와 아들은 자연 그대로가 보기 좋다고 한다. 나도 뭉텅 자르는 것은 마음에 걸린다. 하지만 사람도 이발을 해야 깔끔한 것처럼, 돈을 들여야 태산목도 제 인물이 돋보일 것 같기는 하다. 헌 집의 분위기도 한결 밝아지지 않을까.

어느 공원에 태산목이 유난히 많았다. 너른 공간만큼 이름에 맞게 높은 키를 자랑했다. 그 태산목들은 잎을 떨친다고 눈치 보지 않아도 될 것이고, 전지 당할까봐 마음 졸이지 않아도 될 것이다. 나무도 제자리를 만나기에 따라 대접을 받는 것도 돋보이는 것도 차이가 날 수밖에 없다. 나무 이름을 보더라도 태산목은 한껏 클 수 있는 조건이면 더 좋을 것이다.

우리 집 태산목은 식구들과 앞집 사람의 마음을 읽었을까. 조금씩만 키를 키운다. 고개를 치켜들지도 못하고 양팔도 안으로 웅크리는지도 모르겠다. 숲 속이 제 집이라면 사정이 다를 게다. 원없이 덩치를 불려 더 많은 사람에게 마음의 안식처가 될 것인데. 내가 늘 바깥 세상에 나가고 싶어하는 것처럼, 태산목도 좁은 공간이 갑갑할 테다. 그래도 의젓하다. 태산목 앞에 서면 편안해진다. 나무는 나를, 나는 나무를 아끼는 그 무엇이 있는 것 같다. 태산목은 내게 마음은 넓게, 몸은 늘 청청하라고 부추긴다. 태산목이 고맙기 그지없다.

원래 태산 하면 어감부터 무겁다. 어쩐지 버거운 대상이다. 태산이란 말은 주로 너무 큰 것을 비유할 때, 할 말이 많을 때, 걱정이 많을 때, 일이 많을 때 쓴다. 태산목을 들며 날며 보니까 그런 고정관념도 깨졌다. 그 정도로 내유외강內柔外剛이라고 하고 싶다. 내가 심란할 때마다 태산목에서 위안을 얻는 것만으로도 이유가 된다. 둥치에 등을 기대기도 하고, 두 팔 벌려 안겨 기운을 받으면 마음이 한결 싱그러워진다.

이른 아침 태산목 주변에서 포롱포롱 날아드는 새들이

하루를 상쾌하게 열어 준다. 재재거리는 새소리로 태산목이 꽃을 피운다. 새소리에도 꽃향기가 담겨 있다. 큰 이파리에 스치는 바람도, 살포시 얹혀 있는 달도 운치를 더해 준다.

태산목은 우리 집 가장의 무던한 모습 같다. 언제 보아도 미덥고 든든하다.

그 겨울의 초록 스웨터

찻물이 보글보글 끓고 있다. 커피를 넣고 이것저것 섞는 짧은 순간 살짝 설렌다. 괜히 커피 향에 감탄도 해보고 손 가득 잔을 쥐어도 본다. 텔레비전 화면에는 아들과 딸에 관한 이야기가 한창이다. 나에겐 아들과 딸이라는 차이 때문에 생긴 지워지지 않는 기억이 있다.

내 어릴 때 어머니는 아들딸을 차별하지는 않았다. 풍족지 못한 살림살이에도 무엇 하나라도 못해 주는 것을 늘 마음 아파했다. 그런데 할머니는 달랐다. 장남인 오빠와 남동생들만 끔찍이 여겼다. 자연 먹는 것, 입는 것, 공부하는 것에서 손자와 손녀를 엄청나게 차별하셨다. 속마음까진 그러진 않았지만 할머니께 나는 시원찮은 여식에 불과한 것 같았다.

해마다 겨울이면 초록 스웨터에 얽힌 아픈 추억이 생각난다. 어느 해 할머님이 큰고모집에 며칠 다니러 가셨다. 때마침 아버지도 멀리 출타중이셨다. 내가 그토록 입고 싶어 하던 스웨터를 사줄 수 있는 절호의 기회가 어머니께 온 것이다. 그때 내가 열 살이 코앞이었다.

어머니는 무슨 생각에서였는지 마루에 있는 쌀뒤주에서 쌀을 퍼내어 한 자루 가득, 정말 무겁도록 머리에 이고 시장엘 가셨다. 나도 어머니의 치맛자락을 붙들고 졸졸 따라갔다. 물론 어머니가 그러라고 했다. 그날 어머니는 이고 간 쌀을 쌀장수에게 팔았다. 그리고 내 손을 꼭 잡고 시장 귀퉁이의 옷가게로 가셨다. 그 쌀 판 돈으로 내게 스웨터를 사주기 위해서였다.

나는 옆집 희야가 입은 스웨터가 부러워 어머니께 털 스웨터를 사달라고 매일 노래를 부르던 터였다. 털이 보풀보풀하여 폭신한, 희야의 털스웨터는 아무리 추운 날도 아니 얼음 구덩이에 들어간다 해도 끄떡없을 만큼 따뜻해 보였다. 그래서 철없던 나는 어머니께 스웨터가 입고 싶다고 억지를 부리고 또 부렸던 것이다. 딸아이의 성화에 못 이겨 어머니는 할머니 몰래 쌀을 팔아서까지 스웨터 사줄 궁리를 한 모양이었다. 입고 싶은 스웨터를 골라 보라는 어머니의 다정스럽던 그 눈빛이 얼마나 정겨웠는지 내 입은 함지박이 되었다.

삼각형의 큰 칼라가 있는, 두 손을 푹 집어넣을 수 있을 만큼 양쪽 주머니가 큼직한 초록 털스웨터를 내가 골랐다. 어머니는 내게 옷을 입혀 놓고 "그래, 딱 맞다. 우째 이래 맞춤 같노."라고 하면서 무척 흡족해 하셨다. 나는 어머니 앞에서 빙글 돌고도 세 바퀴나 빙글빙글 더 돌았다. 딸아이가 그토록 갖고 싶어 했던 스웨터를 입혀서 당신 앞에 앞세워 집으로 돌아왔다. 어머니의 마음과 발걸음이 한결 가벼웠으리라.

그러나 어머니의 흐뭇함은 잠시뿐, 하루 뒤엔 스웨터를 사기 전의 그 마음보다 더 아파야 했다. 시집살이하던 어머니의 처지에 할머니 몰래 쌀을 내다 판다는 것은 당시엔 있을 수 없는 일이었다. 어머니는 밤새 고심한 끝에 나를 불러 앉혀 놓고 이리저리 달래고 달랬다. 입고 있던 스웨터를 다시 벗어 놓자고. 나는 어머니 말을 아예 듣지 않았다. 애써 손으로 귀를 막고 눈을 감는 시늉을 해 보였다. 그렇지만 어머니의 두 볼에 타고 내리는 눈물 앞에서 더는 어쩔 수 없었다.

그때까지 어머니의 눈물을 한 번도 본 일이 없었던 나는 덜컥 겁이 났다. 시집살이 설움과 대가족의 수발로 그동안 어머니가 어찌 눈물을 흘리지 않았을까. 다만 그날 처음 딸아이한테 들키고 만 것뿐이었을 것이다.

그 일로 나도 어머니 몰래 많이 울었다. 할머니가 약속해서, 고생하는 어머니가 가여워서, 딸로 태어난 내가 싫어서라는 이유를 대어보니 그렇게 서럽고 서러울 수가 없었다. 하지만 어린 마음에도 할머니의 노여움이 어떤 것인지 어렴풋이 알 것 같아 어머니 말을 듣기로 작정하였다. 그랬지만 그 초록 스웨터를 벗을 때 하마터면 또 눈물이 쏟아질 뻔했다.

어머니는 내 스웨터를 얌전하게 접어서 장롱 깊숙이 넣어 두었다. 할머니의 꾸지람도 무서웠으나 그보다 새로 산 스웨터를 할머니가 보시면 오빠 옷으로 바꿀지도 모른다는 생각 때문이었다. 그 바람에 스웨터는 장롱 속에서 오래도록 고이 잠을 잤다.

그해 겨울은 무척이나 길고도 추웠다. 하늘에서 하얗게 잔설이 떨어지는 날에도 아름답다거나 포근히 느껴지지 않았다. 그저 춥게만 느껴졌을 뿐이었다. 아니 날씨보다 내 마음이 훨씬 더 추웠다. 그 스웨터가 입고 싶어 내내 안달이 났지만 별수가 없었다. 친구들한테 자랑 할 수 없었던 것이 가장 속상했다. 그래서 겨울이 다가도록 어머니께 스웨터를 꺼내 입겠다고 심통만 부렸다. 속울음을 삼키고 또 삼켰던 어머니의 마음조차 헤아리지 못하고 그 스웨터 생각만 하면 눈물이 그렁그렁 고였다.

어머니가 생존해 계신다면 내가 어머니의 스웨터를 몇 개는 샀을 것이다. 폭신한 스웨터만 보면 어머니 생각에 목이 메곤 한다. 내가 결혼하고 한 번도 어머니에게 스웨터를 사드리지 못했다. 더 후에 앙고라 털 스웨터의 유행바람이 불었을 때도 어머니가 생각났다. 내 손으로 촉감이 고운, 따뜻한 스웨터를 골라 어머니께 입혀 드리고 싶었는데.

그 겨울 장롱 속에서 나를 애태웠던 초록 스웨터, 한 올 한 올에 맺혔던 어머니의 눈물을 떠올리며 찻잔을 비운다.

나는 한 송이 달맞이꽃이 된다

변한다는 것은

가지나무에는 가지만

쌀

달빛 소풍

거울과의 대화

보리밭

무단히

봄 마중 나가는 개구리에게

꼬리에 꼬리를 물고)

나는 한 송이 달맞이꽃이 된다

잠이 깼다. 방 안에 은은한 달빛이 가득하다. 나와 함께 놀고 싶어 잠을 깨운 것일까. 커다란 보름달을 영접이라도 할 듯 나도 모르게 마당에 섰다. 둥근달이 나뭇가지에 나붓이 얹혀 있다. 뜰을 서성이는 달빛이 꽃샘추위에 떠느라 숨소리가 가쁘다. 장독들도 깨어 달빛을 다독거리고, 나무도 잠 못 이루는지 달을 업고 일렁거린다. 등에 업힌 아기를 잠재우느라 몸 흔드는 어머니 같다.

달은 억만년의 세월 속에 초승달에서 만달로, 만달에서 하현달로 채우고 기울기를 거듭했다. 끊이지 않는 그 끈을 얼마나 길게 이어왔는가. 사물도 성하면 쇠하듯이 채우고 비우는 삶의 이치를 달에서 본다. 신기하게도 달이 차고 기울기를 반복하면서 일 년을 열두 번으로 구분 지었을까.

무단히 우울한 날은 잠이 오지 않는다. 신비를 품은 달과 무언가에 끌리듯 정담을 나누고서야 비로소 단잠을 이루기도 한다. 보름달이면 더 좋지만 눈썹달도 괜찮다. 달은 내게 자장가요, 벗이다. 내 마음의 등불이요, 연인이다. 다만 이른 아침 달은 해산한 산모처럼 기운이 없는 것 같고, 낮에 뜬 반달은 제 둥지를 잃은 것 같아서 안쓰럽다. 어스름한 새벽달도 얼음처럼 시리다.

동서고금의 작곡가는 아름다운 곡으로 달을 노래하여 허전한 마음에 채워 준다. 화가는 어머니 품속 같은 달 그림으로 풍만을 주고, 시인은 시를 읊어 만인에게 그리움을 안겨 준다. 때론 은은한 달빛이 화선지에 먹물 번지듯 내 가슴에 스며들면 나도 시인이 되어 흥얼거린다. 달빛에 아롱이는 촉촉하고 부드러운 시어들을 은하수가 내게 실어다 준다.

달은 사람 마음을 움직이게 한다. 내게 보름달 같은 친구가 있다. 그는 보름달처럼 두루춘풍하여 누구와도 금방 친해진다. 보름달을 사시사철 가슴에 품고 있는 그를 보면 나도 덩달아 밝아진다. 이름 또한 지구와 가깝게 지내는 자매행성 금성이다. 하늘 어딘가에 그의 행성도 떠있는 것 같다. 애석한 것은 금성이가 도타운 정만 듬뿍 주고 먼 곳으로 이민을 가버렸다. 그나마 새벽하늘이나 저녁 하늘에 반짝이는 샛별을, 그를 보듯 가끔 볼 수 있는 것으로 위안 삼는다. 문득 금성이가 생각나면 나는 한 송이 달맞이꽃으로 피어나 하늘바라기가 된다. 하늘은 금성이의 안부를 전해 주는 우체부라고 할까.

어머니의 종교는 달이었다. 어머니는 정갈한 장독대에 정화수 떠놓고 달에다 두 손 모아 빌었다. 달의 마음으로 가족들의 무병을, 자식들의 장래를 염원하였다. 달빛에 설핏설핏 비치며 기도하는 어머니 모습이 경건함을 넘어 애절했다. 어머니에겐 어떤 믿음보다 더 확신을 심어 준 것이 달이었으리라.

달은 시계였고 기상청이었다. 수십 년 동안 어머니는 새벽밥을 지을 때, 밤중에 제사를 지낼 때, 늦은 밤 식구들의 귀가를 기다릴 때 달이 앉아 있는 자리만 봐도 시간을 척하니 가늠했다. 그리고 달이 입은 옷 색깔로 내일의 날씨를 점쳤다. "달이 맑고 깨끗하면 마땅히 우러러보고, 희미하면 굽어볼지어다."라고 한 옛 성현의 말처럼 어머니가 그러셨다.

지구의 유일무이한 달이 가진 신비로움 못지않게 달을 향한 어머니의 그 마음 또한 참으로 지극하셨다. 달이 윙크 한 번 하는데 한 달이 걸린다고 한다. 그런 달이 어머니 마음을 헤아려 눈을 찡긋하며 웃어 주었다. 어머니는 적잖이 안심되는 듯 얼굴이 보름달같이 환했다. 그 모습에 내 마음도 적이 놓였다. 간절한 치성이 마침내 달에 닿아 어머니를 달이 되게 해 주었나 보다.

'달은 가장 오래된 시계다'라고 한 어느 미술관 전람회에 내건 슬로건이 더 크게 공감됐다. 오래된 달의 시계가 잠깐이라도 어머니의 시계가 되었다는 의미를 일깨워 주었기 때문이다. 시계만큼 매사 정확하고 시계처럼 부지런한 어머니를 생각하면 달도 함께 떠오른다. 조각달은 시름으로 애태우던 어머니의 가슴으로, 온달은 환하게 웃던 어머니의 얼굴로 말이다.

달은 추억을 불러일으킨다. 처녀 때 동네 새댁들이 '혹계'를 했다. 아기를 '혹'이라고 불렀다. 새댁들은 매달 음력 보름날 기운찬 둥근달이 두둥실 떠오르면 십 리 길이 넘는 극장에 영화 구경을 갔다. 혹을 하나씩 등에 업고. 극장에 들며 나며 쌓은 추억거리로 시집살이 설움을 달래곤 했다. 달빛은 부드러움과 달리 극장으로 오가는 길에 날렵한 길잡이였고, 든든한 기사님이었다.

그들의 귀한 나들이 길에는 한동네 처녀들도 함께 어울렸다. 나도 그 행진에 끼었다. 아버지는 늦은 밤 외출은 허락하지 않았지만 '혹 계'에 관한 것은 눈감아 주셨다. 그것은 보름달과 '혹'을 사랑하고 믿었던 것이다. '혹'들도 보름달처럼 방실거렸다. 언덕배기에 별빛과 달빛을 한껏 머금고 핀 들꽃과 키 낮은 풀도 우리를 응원했다. 낙동강대교를 걸어갈 때 우리의 한바탕 자지러진 웃음소리가 강물을 흠뻑 적셨다. 저만치 강물을 수놓은 오색 불빛도 흥이 나 물결과 함께 춤을 추었고, 달빛도 즐거운지 더 환하게 길을 밝혀 주었다. 달의 노래를 들으며, 달의 노래를 부르며 걷는 발걸음은 허공에 떠있는 달만큼 가뿐했다.

불빛 찬란한 도심에도 보름달이 휘영청 떴을 때는 네온 불빛이나 가로등이 모두 잠들면 좋겠다. 거리에서도 집집의 뜰과 창문에서도 교교히 흐르는 달빛이 넘실거리지 않겠는가. 그 시간 자기만이 꿈꾸어 온 일을 은밀히 할 수 있을 테니까. 나도 어머니처럼 정화수 떠 놓고 달에 부쳐 기도하련다. 그리고 피곤한 몸을 달빛이불에 고이 내려놓고 달콤한 단꿈에 빠질 것이다.

꽃샘바람이 아직도 뜰을 흔들고 있다. 떨고 있던 달빛이 바람을 다감스레 잠재운다. 어느새 사위가 고요하다. 달빛도 하얗게 빛을 발하는 오목한 목련 꽃잎 속에 들어가 곤히 잠이 든다. 나는 오늘도 한 송이 달맞이꽃이 된다.

변한다는 것은

느닷없이 발을 다쳐 몸이 묶였을 때 마음도 함께 저당 잡혔다. 사소한 집안일부터 바깥일까지 통째 접어야 하는 답답함은 말로 다 설명할 수 없었다. 미뤄 둔 일들이 빨리 해 달라고 다그치지도 않았고, 아무리 태평해도 식구들은 묵지근히 참아 주었다. 내 가슴만 자꾸 열이 났다. 그보다 참기 어려운 것은 갑자기 닥친 상황을 부정하는 마음이 문제였다.

사람은 환경 따라 변하고 생활도 바뀐다. 아픈 발 이유삼아 결혼 후 김장을 처음 뛰어 넘었다. 김장을 안 하면 개벽할 줄 알았다. 그런데 내 마음과 달리 무덤덤하게 넘어 갔다. 역시 별일이 아니었다. 많이 아쉬웠지만 식구들 마음이 김장김치처럼 익어 있었다. 또 된장도 일 년 동안 먹을 양을 한 단지 샀다. 그때 간장은 장독 중간을 차지하고 있었고, 된장 항아리는 이미 바닥을 보여 된장만 담그려고 계획을 세웠던 차였다. 된장마저 아주 포기할 수 있었던 것도 식구들의 넉넉한 마음 덕이었다.

장독의 된장을 덜어 올 때마다 맛이 변하지 않게 꾹꾹 눌러 놓는다. 어느 날 다져진 된장에서 기 한번 펴지 못하고 돌 심장으로 살다간 옛 여인들이 떠올랐다. 독안에서 오랜 시간 삭아야 맛을 더하는 된장처럼 그들도 엔간한 일은 다 가슴에 품고 가정의 화평을 지켜왔다.

유연성이 없는 내 삶도 된장에 비유 됐다. 그 후부터 팍팍한 생활을 조금 느슨하게 만들어야겠다는 생각이 들었다. 김장과 된장 담그기를 포기할 수 있었던 것 또한 그때 굳힌 마음이 크게 작용했다. 내 사고와 의식이 변화를 꿈꾸게 된 계기는 된장독에서 시작됐던 것이다.

그랬지만 내가 좀 편해 보자는 심산이 저변에 깔려 있었다. 생각을 조금 바꾼 것을 크게 변했다고 스스로 오버를 하는지도 모르겠다. "변하면 인생이 바뀐다."라는 광고를 이제 부지런히 좇아 볼까 싶다. 변하고자 하는 데는, 좀 더 나은 내일을 위해서라는 전제가 숨어 있어서다. 그 속에는 꿈과 기대가 있지 않은가.

아버지가 천구백칠십년을 몇 달 앞두고 시골에서 동네 벗들과 해운대 온천 나들이 했을 때 일이다. 여럿이 함께 온천을 마치고 바다 구경에 나섰다. 때마침 한 여름이라 피서지에 온 청춘 남녀가 한데 어울러 수영복을 입고 버젓이 다니는 걸 보게 되었다고 한다. 처음 보는 해수욕장 광경에 실색 하여 입을 다물지 못했다고도. 바다 구경은 고사하고 엄벙통하다 까무러치지 않은 것만도 다행이었던 것이다. 아가씨들의 두 눈에 칠한 푸른색 아이섀도를 퍼런 고동딱지라고 하셨다. 그 고동딱지를 눈에 붙여 다니더라는 웅변에 식구들이 울어야 할지 웃어야 할지 무척 난감했던 기억이 새롭다.

그 후 아버지는 세상 말세가 멀지 않았다는 걱정을 떠안고 살았다. 과년한 딸이 서양 물이라도 들까봐 늘 노심초사 하셨다. 그 전에도 머리카락은 길게 길러 삼단 같이 땋아야 했고, 옷은 도랑치마와 민소매의 상의는 용납하지 않았던 터였다. 그놈의 해수욕장 때문에 더 강화된 법이 동네 밖의 외출은 아예 꿈도 못 꾸었고, 해 넘어가면 바깥출입 금지령이 내렸다. 세상이야 어떻게 변하든 말든 더욱 예의범절과 전통만 내세웠다.

아버지는 젊은 시절 일본에서 직장 생활을 몇 년 동안 하셨다. 정갈한 까만 양복 차림으로 머리에 포마드 기름을 반지르르 바른, 사진 속의 단정하고 멋진 모습을 아직 생생히 기억한다. 또 오랫동안 마을의 이장도, 초등학교 기성회 임원직도 지내셨다. 그 뿐인가. 우리 마을은 물론이고 이웃 마을까지 자필로 쓴 홀기를 전통 혼례식 초례청에서 직접 집례하셨다. 그런 열정도 있었고, 법고창신法古創新도 잘 받들었다. 그럼에도 아버지가 유독 여자만이 옛 법도를 따라야 된다는, 강한 주장은 꺾지 않으셨다. 어머니는 당신은 그 뜻을 받아들여도 딸에겐 늑줄을 주고 싶은 기색이었다. 나도 그런 아버지가 진정 야속하고 답답했다.

그랬던 내가 젊은이들의 머리카락 칼라 염색과 배꼽티가 유행의 급물살을 탈 때도, 여성들의 하의 실종이라는 신종어가 생겨났을 때도 우리나라 장래가 심히 염려스러웠다. 형형색색의 머리와 아찔할 정도로 짧은 하의를 입고 거리를 활보하는 것이 곱게 안 보였다. 티브이 화면을 꽉 메우는 연예인들의 현란한 옷차림과 춤이 그렇게 와 닿지 않았다. 머잖아 우리의 옷과 문화가 대거 사라질 징조 같았기에. 그럴 때마다 아버지의 혀 차는 소리가 들리는 듯했다. 세상은 무상하다. 변하지 않는 것은 아무 것도 없는데 나만 고루한 것 같아 조바심이 일었다.

그래저래 변하는 것이 세상이고 문화다. 크고 작은 걱정 속에서 지구가 돌듯 둥글둥글 살아가는 것이 인생이다. 그런데 쉽게 변하는 것은 무언가를 잃는다는 느낌이 든다. 옛것을 단번에 끊으면 안 된다는, 가뭇없이 사라지면 안 된다는 생각이 가슴 밑바닥에서 늘 꿈틀거린다. 그래서인가. 우리 곁에서 멀찍이 떠나려는 것들을 시원스레 놓아주지 못

한다. 세월이 이토록 초고속인 것은 속도만큼 세상을 빠르게 변화시키기 위해서인지도 모른다. 그래도 내 온고지정溫故之情은 어쩔 수 없는 것인가.

변한다는 것은 요지부동인 생각과 행동을 바꾸는 것이다. 그것은 일종의 모험이고 도전이다. 그게 내게는 두려움이랄까. 무엇이든 그저 이루어지는 게 없듯이 이성과 감성의 대립을 혹독하게 치른 뒤에야 모험과 도전의 배짱이 두둑하게 생길 테다.

'청산은 푸른빛을 바꾸지 않고/ 유수는 물소리를 바꾸지 않네' 라는 옛 시조가 있지만 청산은 가을이 되면 단풍이 들고, 물소리는 강우량에 따라 물소리가 다르다. 계절처럼 돌고 도는, 매 순간 변하지 않은 것이 없는게 세상사다. 인생도 자연 법칙의 날씨나 계절과 같다고 본다. 끝없이 변화는 데에 적응해 나가는 것도 질서에 부응한다는 생각이 다 늦게 든다.

나도 법고창신을 받들며 변화에 좀 더 노력해 볼 참이다. 공자도 행복하고 지혜로운 사람이 되려면 자주 변해야 된다고 하지 않았는가.

가지나무에는 가지만

진보라색의 가지가 오동통하면서 늘씬하다. 윤기가 자르르 흐른다. 매력이 넘치는 선명한 곡선이 여인의 섹시함 같아 보인다. 생가지를 툭 분질러 한 입 베어 먹는다. 새콤달콤 상큼한 과일 맛과는 거리가 멀다. 약간 쌉스레하면서 끝맛이 조금 들큼하다. 고향 맛이다. 나는 반찬 만드는 것보다 날로 먹는 게 더 많다. 당분이 떨어지는 참외보다 가지를 더 좋아해서다. 과일처럼 일부러 먹으려고 애쓰지 않지만 보면 구미가 당긴다.

가지는 속살이 스펀지 같지만 흐벅지고 수분이 많다. 무뚝뚝한 사람의 속정 같이 부드럽다. '가을 가지는 며느리에게 주지 않는다.'라는 일본 속담이 있다. 가지 껍데기의 삽상한 가을 맛이 유별나서일까. 가을 가지가 맛도 깊고 영양가도 더 높다는 것일까. 어쨌든 가을 가지를 더욱 귀히 여긴다는 뜻이 아니겠는가.

책에서 토양과 물주기를 밑줄 쳐 체크하고 포장된 씨앗도 사왔다. 몇 개의 큼지막한 스티로폼 상자, 플라스틱 대야, 큰 화분이 제법 모양 낸 내 텃밭이다. 오후 내내 볕바른 장독대가 가지런히 서 있는, 파릇한 잎을 자랑하는 고추, 가지, 방울토마토 식물들과 마주보고 있다.

식물들은 남편이 듬뿍 주는 물과, 장이 익어가는 소리로 몸을 불리고, 키를 세워 열매 매달 꿈에 부푼 것 같았다. 자양분을 주는 햇볕, 바람, 비에 보답할 거라며. 가지 나무는 보랏빛 향기로 녹색 고춧잎을 살살 간질었다. 고추와 방울토마토가 얼굴을 디밀고 깔깔거렸다. 장독대 위 빨랫줄에 걸린, 색색의 뽀송해진 빨래도 경쾌하게 넌출대며 함박웃음을 연신 날렸다. 장독대도 빨래도 그 푸른 식물들과 어울리는 게 좋아 여름을 기다리는 듯했다.

그러거나 말거나 가지 나무는 멀쑥한 키에 잎만 무성했다. 가지 농사가 보라색깔 만큼 상그로운 줄 몰랐다. 보라색의 오목한 별꽃에 노란 꽃술이 환했지만 이내 시들어 빛을 잃었다. 기죽은 자식 같아 안쓰러웠으나 제 구실을 안 하는 게 살짝 얄미웠다. 그러다 한 나무에 열매를 한 개씩, 한 차례만 열렸다. 내가 야들한 가지로 반찬 하는 것은 뒷전이었고, 군것질 하듯 꽃다지를 덜렁 따서 혼자 먹었다.

그래놓고 가지가 줄줄이 열릴 줄 알았다며 궁색한 변명만 난전의 물건처럼 늘어놓았다.

어릴 때 할머니는 제법 너른 텃밭에 단골 메뉴인 크고 작은 파, 상추, 쑥갓, 들깨, 열무, 배추, 무를 가꾸셨다. 부지런한 할머니의 열성만큼 밭이랑이 다보록하게 살쪘다. 풋풋한 푸성귀들은 햇볕을 안고 반들거리며 바람 따라 물결쳤다. 땅속에 올망졸망 누워있는 똥실한 고구마, 감자, 토란의 뿌리채소들은 아이들에게 상상의 날개를 달아 주었다.

키가 밭두렁을 훌쩍 넘은, 식물에 매달린 다채로운 열매의 고운색깔로 내 가슴을 물들였다. 채소밭의 식물들은 서로 이마를 맞대고 오순도순 사랑으로 가득했다. 우리의 꿈도 함께 채소처럼 쑥쑥 자랐다. 지금 생각하니 어울덩더울덩 더불어 살아가는 인생 밭과 흡사했던 것이다. 건강지킴이에 큰 몫을 해주는 채소, 그것들을 향한 내 사랑은 그때부터 시작됐으리라.

그중 가지에 애정이 더 간 것은 할머니가 "생가지를 먹으면 얼굴에 부스럼이 난다."라고 했던 그 말이 목에 걸려서였다. 그때는 가지를 실컷 먹는 것도 소원 목록 중에 하나였다. 물방울 촉촉한 가지의 보랏빛 윤기가 나를 구슬렸다. 부스럼 걱정을 안고 조붓한 밭고랑에서 숨죽이며 가지를 따 먹었다. 그때마다 가슴이 방망이질 했지만 희안하게 바람도 잠을 잤다. 그랬지만 가지가 먹고 싶어도 애써 참느라 도리깨침을 삼킬 때가 많았다. 몇 년 동안 생가지를 따 먹어도 부스럼이 나지 않았다. 할머니가 가지 한 개라도 축내지 않으려고 하얀 거짓말을 하셨을까.

가지색에 반해 처녀 때는 멋진 투피스를, 결혼할 때는 조신한 비로드 한복을 가지색으로 했다. 바이올렛은 쉬이 어울리지 않는, 까다로운 색깔인 것도 모르고. 가지는 소염제, 해열제 효력을 지닌 데다 가지 반찬이 그 이름처럼 참 가지가지다. 옛날 수라상에 올라간 가지 요리부터 가정에서 흔히 해먹는 손가락 크기만큼 썰어 프라이팬에다 기름을 둘러 고소하게 볶은 나물, 길게 두 동강내어 데쳐 쭈욱 찢어서 손으로 조물조물 무친 몰캉한 나물, 각종 해물과 채소에다 들깨가루를 곁들인 되직한 찜, 양념장으로 버무린 생절이, 속을 꽉 채운 고소한 부침개와 튀김, 짭잘한 장아찌, 가지 밥까지 한다. 그리고 동글납작 썰어 건채도 만들어 저장한다.

이렇듯 가지의 변신술이 세대별로 좋아하는 찬으로 나눠준다. 그런데도 혀에 각인된 맛은 딱히 없다. 있으면 있는 대로 좋고, 없으면 없는 대로인 가지가 속상하겠다. 서러운 게 그 뿐일까. 수확과 쓰임이 많은데 '가지나무에 목맨다'라는 속담으로 나무로써 부실한 것을 굳이 꼬집으니 얼마나 서운할꼬. 게다가 '참 가지가지 한다'라며 면박까지 주는 빈축을 사기도 한다.

가지 나무가 허우대 값을 못한 것은 거름을 넘치도록 준 것과 곁순을 쳐내지 않은 것, 또 아랫부분에 우거진 이파리를 드문드문 떼 내 주지 않은 것이 탈이었다. 일을 건듯하여 고배를 마신 일이 몇 번인가. 그러면서 솔직히 애먼 가지나무에다 모종 값도, 씨앗 값도 못한다, 하루에 두 번씩 물을 준 물 값도 못 건지겠다고 따가운 눈총을 보냈다. 허방 친 아쉬움은 가지나무가 더 클 것인데 가지 나무만 탓한 것이 새삼 부끄럽다.

때 이르게 누릇해진 잎이 얼추 떨어져 버린 가지 나무에 가지는 없고 가지만 엉성하다. 고추와 방울토마토는 올망졸망 열렸다. 가지 나무에 약을 올리는지 한창 발그레하다. 빈 가지 나무에다 축구경기 때 골문 앞에서 헛발질을, 야구경기에서 홈런이 절실할 때 헛스윙을 해대는 것과 비유해 본다. 감독의 용병술이 경기의 흐름이나 승패를 좌우 할 때도 있듯,

비록 한 뼘의 땅에서라도 농사 소출이 내 손에 달린 것을. 가지나무의 휑한 가지 사이로 체계적이지 못하고 건성건성 살아온 지난날의 내 헐렁한 삶이 보인다. 후회하는 쓰린 마음도 가지에 대롱거린다. 후텁지근한 바람 한줄기 내 가슴을 훑고 지나간다. 나의 텃밭에 여름 해거름이 가지색처럼 아릿하다.

쌀

언젠가 티브이에서 인기 가수가 가난했던 지난시절을 이야기 하였다. 그의 어머니 소원이 두어 마지기라도 자기 땅에 벼농사를 지어 보는 것, 손가락에 금 쌍가락지를 끼고 자랑해 보는 것, 쇠고기 국에 하얀 쌀밥을 실컷 먹어보는 것이었다. 소박한 그 소원을 풀어드리기 전 어머니가 세상 떠나 한이 남았다며 울음보가 터졌다. 방청객들도 힘겹게 넘어 온 보릿고개의 기억이 겹쳐졌을까. 눈물을 훔치는 이가 많았다. 나도 가슴이 저릿했다.

그만큼 귀했던 쌀이, 아니 그 쌀값이 전년에 비해 대폭 하락세다. 쌀의 소비량은 해마다 줄어들고 수입량이 늘어나는 게 이유다. 또 흰쌀밥보다 잡곡밥을 선호하는 것도 한몫 한다. 연간 일인 양식으로 쌀값을 지불하는 금액보다,

품위 유지비로 마시는 커피값으로 더 많이 들어간다는 통계가 나온 지 제법 됐다. 그것에 놀란 사람이 그다지 많지 않으리라. 언제부턴지 커피 인기가 사기 충전하고 있으므로. 거기에 비례한 것이 농부들의 한숨소리다. 급변하는 세상사 중에 쌀이 걸어온 발자취도 결코 가볍지가 않다. 농부의 눈물 같은 하얀 쌀이 섧다고 한다.

그럼에도 오래전부터 우리 집까지 설, 추석 전날이면 둘째 시동생 네의 동서와 질녀들, 작은집 질부와 조카들, 우리 아이들이 커피, 치킨, 피자, 족발, 회, 케이크 같은 군것질거리를 주문하여 술안주와 간식으로 나눠 먹는다. 점심상을 물린 직후로 시작되는 다과 시간과 술자리가 언제나 자정을 훌쩍 넘기기 예사다. 모두 큰아버지와 큰어머니, 작은아버지와 작은 어머니와 한데 어울려 시끌벅적하다. 좋은 일, 궂은일에 서로 축하와 위로가 오고가고 문제점에는 열띤 토의를 한다. 마치 가족간의 결속을 다지는, 그 시간을 즐기기 위한 명절 같다.

나도 정이 철철 넘치는 그 분위기를 좋아한다. 단지 음식배달 올 때 간이 뜨끔거린다. 피자 한 판에 쌀 반 가마 값과 맞먹는 돈을 조카가 덜렁 준다. 커피 값도 속이 아리긴 마찬가지다. 커피 한 잔에 쌀 한 되 값보다 많이 치른다. 비싼 커피를 큰 질녀가 여남 잔이나 산다. 커피 한 모금씩 마시면 제수 음식 장만할 때 덜 피로하다며. 질녀의 예쁜 마음이 정말 고맙다. 하나 내가 농부들의 땀 흘린 대가를 저버리는 것 같고 쌀값 하락에 일조한다는 생각이 든다. 오래 동안 내 몸에는 쌀 사랑이 스며있다. 그 때문에 물건 값에다, 한 끼의 높은 음식 값에다 쌀값으로 환산하는 못난 습성이 이미 고질병이 됐다.

쌀값이 형편없게 된 것은 우루과이 라운드란 큰 파고를 겪은 후부터일 성싶다. 그 바람에 농민들은 벼농사가 예전의 밀농사처럼 될까봐 늘 노심초사다. 지금의 벼농사같이 밀 소득이 아주 저조할 때, 밀가루 수입을 싼값으로 하지 않았던가. 밀농사가 인건비도 안 되다보니 집집이 자연스레 밀농사를 접었다. 그때 수입 밀가루 값이 분수마냥 마구 치솟았다. 쌀값도 이대로 하락한다면 벼농사야말로 밀농사처럼 되지 않겠는가. 아무리 세계화, 국제화 시대가 됐지만 흰 쌀밥을 최고로 여겼던, 하얀 쌀 색만큼이나 순수하고 단순하게 살았던 그 시절이 그립다.

이래저래 낮잡힌 쌀이 아프다. 그래도 반들반들 윤기를 내면서 할 말 좀 하자고 한다. 쌀 소비를 위해 쌀 요리를 꾸준히 개발하는 것도, 전통 떡 가짓수를 늘여 떡 체인점이 곳곳에 있는 것도 안다고 한다. 하지만 떡보다 손쉬운 빵한테 뒤진다는 불만을 토로한다. 우리 쌀 음식을 많이 먹자는, 현수막을 거리마다 내걸어 식어버린 쌀의 인기가 뜨겁도록 촛불이라도 붙여 달라고 보챈다. 에너지원이 바로 쌀이고,

조상의 얼이자 국력이라는 것을 천만 번도 더 강조한다. 우리 쌀의 소중함을 일깨워 달라며 열변을 토한다. 그 야무진 쌀의 긍지가 쌀 빛깔처럼 빛이 난다.

해마다 늦가을에 나는 한 해 동안 신세를 졌거나 은혜를 입은 사람들에게 햅쌀로 고마움을 전한다. 그 양이 많건 적건 똑같은 마음을 담아 보낸다. 농사지은 큰시동생의 정성과 쌀을 주신 시어머니의 사랑 덕분이다. 오래전 한 모임에서 남편의 외도로 혼자 자식 셋을 뒷바라지하는 이가 있었다. 힘든 그에게 조금 많은 양의 쌀로 보탬을 주었다. 쌀 톨 수만큼 큰 정이라고 생각하니 쌀처럼 마음이 맑아지는 느낌이 들어 푸근했다. 쌀독을 채워 놓으면 가장 마음이 부자가 되더라고 한 어른들의 말을 여러 번 들었기에 실천할 수 있었다.

시어머니는 쌀을 피같이 여기셨다. 밀농사를 땅에 묻어 버린 후엔 수입 밀가루 음식은 몸에 안 좋다며 삼시세끼 밥만 고집하셨다. 내 손으로 농사 지은, 남아도는 쌀을 두고 그 밀가루는 안 먹겠다는 오기였을까. 이천오백 년 전 중국 의학서에 삼시세끼 중요성의 설명이 있었다는 것도, 쌀이 주식으로 일워였다는 것도 알고 있었을까. 아무튼 밥 이외의 음식은 모두 군것질로 치부했다. 몇 십 년의 세월 동안 농사와 동고동락하며 얼마나 쌀을 사랑했으면, 얼마나 농사짓는 게 힘들었으면, 쌀 씻은 뜨물 한 방울도 버리면 안된다고 하셨을까. 쌀에 대한 자부심과 철칙이 대단하셨다. 그 곧은 심지가 일찍 된 홀몸으로 자식 같은 땅을 세상 풍파에도 끄떡없이 지켜 냈으리라.

어머님은 오랫동안 여장부였다. 그런데 작년가을 불행히도 방에서 퍽 주저앉아 대퇴골 골절로 고관절 치환 수술을 하셨다. 그동안 아무런 질병이 없어 수술까지는 무난했다. 하지만 아흔의 연세라 의지가 약해져 재기는 어렵다. 인기가 바닥을 치는 쌀처럼 어머님의 기력과 인지력이 점차 떨어진다. '지금 가을이제. 나락은 벴나? 타작은 언제 하노? 쌀값이 또 내렸나?'라며 내내 추수와 쌀값 걱정이시다. 평생 당신이 해 온 일인지라 병환이 나기 전 그 시점의 기억에서 머물러 있는 모양이다.

쌀값에 비해 몇 배 더 비싼 물건들이 활개를 치고 있다는 것을 어머님은 까맣게 모르신다. 마음 아픈 일이 떠오르는 것보다 차라리 나을지도 모르겠다. 그러나 세상의 모든 것과 점점 멀어져 가는 게 우릴 안타깝게 한다. 인생의 끝자락이 참으로 덧없기만 하다. 거친 삶의 파고를 혼신을 다해 뛰어 넘어온 보상치고는 너무 잔인하다. 평생토록 짊어졌던 무거운 짐도, 끝 모를 걱정거리도 이제야 등에서 다 내려놓았는데. 삶의 마지막 갈무리가 수월하기를 염원드렸는데.

병환 중인 어머님과 점점 뒤로 밀려날 순미한 쌀이 그저 슬플 뿐이다.

달빛 소풍

나만의 달이 있다. 밤마다 휘영청 밝은 달이 숲속에서 뜬다. 이 달은 날씨가 흐려도 눈비가 와도 천연덕스럽게 뜬다. 일년 삼백 육십 오일을 하루같이 노숙하면서도 눈부시게 빛난다. 빨갛게 익은 달이 항상 나만 쳐다본다. 덩달아 내 마음의 달도 뜬다. 오래전 늦은 저녁이었다. 가게 앞에서 나른한 두 팔을 쭉 뻗었다. 오른쪽 다섯 손가락이 가리키는 곳에 환한 보름달이 떠 있었다. 순간 전율이 일었다. '저건 내 달이야'하고 점찍어 놓고, 그 자리에서 한참동안 달을 바라보았다.

우리 가게 앞의 나지막한 산자락을 대각선으로 질러 키가 훤칠한 아파트가 있다. 그 옆 아래쪽이 달의 대 저택이다. 한 동인 아파트와 달이 닮았다. 하나라서 외롭다는 것이. 늘어진 나뭇가지의 잎들이 밤에는 검은색으로 일제히 변해 흐느적거리면서 괴괴한 분위기를 연출한다. 거기에 비바람까지 몰아치는 밤엔 우우거리는 바람소리가 달에 시비를 걸어 온다. 설령 온갖 잡신이 괴롭힌다 한들 달의 붉은 기운이 못 물리치겠는가. 나무들은 맑고 고요한 날도 살살 부는 바람과 그림자를 빌려 달의 얼굴을 요리 조리 가려 조각달로, 옆으로 살짝 비켜서 반달로 만든다. 또 바람을 숨죽여 놓고 온달로 드러나게 한다. 그림자들 유희를 달더러 즐기라는 것 같다. 그러나 달은 부동자세다. 그 의지까지는 나무들이 어쩌지 못하나 보다.

나무가 잎을 떨친 계절에는 달의 얼굴이 더욱 밝고 훤하다. 차가운 날씨일수록 붉은 빛이 더 도드라진다. 달도 사람처럼 추위를 타지만 겨울이 더 좋다고 하는 듯하다. 제 눈앞에서 흐느적거리던 나무 이파리가 사라졌기 때문일 것이다. 간섭 받는 걸 싫어하는 건 사람과 마찬가지인 것 같다.

달은 나뭇가지 위에서 떡하니 턱을 괴고 노래라도 흥얼거리고 있는 듯 하다. 그러나 하도 긴 세월 앉아 있어 다리가 저려 일어나질 못할까. 아니면 나뭇가지에 걸려서 오도가도 못하는 걸까. 그 모습이 미련한 것 같기도 하고, 굳은 심지 같기도 하다. 이러한 것들에 마음이 꽉 붙잡혔다. 내 삶을 보는 것 같아서다. 우리 부부는 우둔하리만큼 오랫동안 이곳에서 한 업종에만 고집하고 있다. 이 달의 처지와 흡사하다고 할까.

달의 집 옆에 있는 아파트가 달의 파수꾼이라면, 달은 우리 가게의 파수꾼이 아닌가. 그러니 센바람이 부는 날, 달도 가게도 걱정이 안 된다. 이렇듯 나와 연이 깊은 달은 나에게 아파트 가가호호에서 일어나는 다양한 삶을 생중계해준다. 밥그릇 달그락거리는 소리, 도란도란 얘기 소리를 배경 음악으로 깔아 집집의 기쁨과 웃음이, 슬픔과 눈물이 어우러진 다큐멘터리를. 내게 다채롭게 들을 거리와 볼거리를 제공해 주는 셈이다.

동서남북에 붙어있는 달의 눈이 정말 예리하다. 달은 적게는 그 마을 일을 다 꿰고 있을 테고, 크게는 세상 돌아가는 것까지 관통하고 있는지도 모른다. 나에겐 밤마다 추억의 모닥불을 지피 주려고 무던히 애쓰는 모양이 참으로 갸륵하다.

날마다 만나는 이 달과는 깊은 정이 들었다. 그동안 둘이서 남몰래 새긴 사랑이 달의 집에 작은 강을 이루고 있다. 그 강에 넘실대는 달빛 흥건한 곳으로 소풍을 간다. 아니 계절마다 이 달이 나를 특별 손님인양 초대한다. 달은 교교히 흐르는 달빛 속 사계의 아름다움을 나와 나누고 싶다며 손까지 살며시 잡아준다. 열두 가지 연둣빛의 싱그러움을, 소나무가 뿜어주는 짙은 솔향기를, 오색 단풍의 고운자태를, 시원한 여백의 여유로움을 한보따리씩 바리바리 싸준다. 아마 내가 이제 먼 산의 산행을 못 한다는 걸 달이 눈치챘을까. 그 아쉬움을 그나마 달래 주는 게 이 산의 달빛 소풍이다. 비록 나즈막한 산이지만 촉촉한 산기운을 충분히 안겨준다.

그게 좋아 밤마다 하루 일과를 돌아보며 달에 주섬주섬 털어 놓는 게 일상이 됐다. 말없는 달이지만 큰 위로가 된다. 나를 묵묵히 지켜봐 주는 것과 나만 만나주는 믿음 때문이다. 달도 때론 숲속이 갑갑하여 비가 오면 그 빗물인 척하면서 눈물을 흘리리라. 그럼에도 언제나 꽃처럼 활짝 웃고 있다.

이런 달을 내 첫사랑인양 비밀이 깃든 장소에서 은밀히 만난다는 사실에 가슴 떨린다. 아무에게도 보여주기 싫고, 아무한테도 들키고 싶지 않다. 누가 본다고 달이 닳는 것도 아니요, 누가 좋아한다고 내 사랑이 줄어드는 것도 아닌데 그냥 그러고 싶다. 부모 사랑을 독차지 하려고 떼쓰는 아이처럼. 달에 응석 부리고 싶어하는 내 마음을 알은체 하며 그저 웃어 주는 달이 고맙다.

반면 하늘에 둥실 떠있는 둥근달은 온 누리를 밝혀주는 절대자다. 산란한 마음을 보듬어 주는 다감한 손길에 너도 나도 위안을 받는다. 그러나 온전히 내 것이 될 수 없다. 만인의 연인이지 않은가. 그 사랑이 감질나 나만의 보름달을 더 의지하게 됐는지도 모를 일이다.

외진 숲속에서 혼자 쓸쓸하게 서 있는 저 가로등이, 아니 나만의 보름달이 측은하지만 무척 당당해 보인다. 그 누구도 저곳에 나만의 달을 눈치 못 챌 정도로 있는 듯 없는 듯하다. 또 눈길을 주는 이가 아무도 없지만 제 할 일 게으름 피우지 않는 숨은 일꾼이다. 곳곳에 저 달 같은 이가 얼마나 많겠는가. 사람이든 사물이든 다 드러낼 여건이면 더 좋은 일이 많겠으나 담담하게 안거할 여력을 가진 것도 크게 나쁜 건 아닐 것이다.

오늘따라 나만의 보름달이 더욱 커 보이고, 광채를 더 많이 발한다. 붉은 석양처럼 눈이 부신다. 언제 왔을까. 남편이 내 옆에서 달을 보며 한마디 툭 던진다.

"달도 밝다."

나도 한마디 거든다.

"보름달이거든."

거울과의 대화

매사가 심드렁해졌다고 이웃아낙들이 입을 모은다. 영희 엄마는 장농 깊숙이 넣어두었던, 좁쌀만 한 알이 박힌 다이아몬드반지를 알아봐 주었으면 하는 눈치다. 또 번쩍번쩍한 다른 패물을 꺼내 날마다 바꿔서 착용해 보고, 진성이 엄마는 날 잡아 원색의 옷을 몇 벌씩 사왔다. 몇몇이는 명산의 열차 단풍놀이를 다녀오고, 식이 엄마는 쌍꺼풀 수술을 했다.

폭염과 폭풍우를 견뎌내고 얻어낸 단풍처럼 그들도 쓰디쓴 인생길을 헤쳐 나왔다. 각자 제 색깔을 내는 마음 또한 알록달록한 단풍 같다. 때로 단풍이 꽃보다 아름답지 않던가. 그처럼 뭔가 색다른 삶을, 아니 인생의 겨울을 좀 더 따습게 맞으려는 바람이 역력하다. 흔히 말하는 최후의 발

악일까. 화제의 초점은 단연 석이 엄마의 쌍꺼풀 수술이다. 수술하기 전보다 눈이 미워졌다, 얼굴이 밝아졌다는 의견이 분분하다.

성형으로 아예 관상을 바꾸려는 사람이 많다. 관상이 삶에 차지하는 비중이 크다면 성형한 사람은 관상 덕을 보는 셈이다. 그러니 좋아지는 관상을 누가 마다할까. 이왕이면 다홍치마라고 했겠다. 눈은 크게, 코는 높게, 홀쭉한 얼굴은 보톡스 시술이나 필러의 기술로 인상을 복스럽게 바꾼다. 인공미의 성형 의술에 나도 반하고 감탄한다.

지하철 광고판 성형 before/after 사진을 보며 그 자리에 나를 슬쩍 끼어보고 부드러운 인상을 상상해 본다. 그러나 절로 머리가 흔들어진다. 영 어색한 게 아무나 해서 어울릴 것이 아니라는 생각에 웃음이 난다.

미와 거울은 상관관계를 이룬다. 거울을 보는 횟수에 따라 아름다움이 비례하는 것 같다. 거울이 넘쳐나는 것도, 미인이 많아지는 것도 그 때문이리라. 그런데 나는 거울과 별로 친하지 않다. 거울은 슬며시 감추고 싶은 부분까지 눈감아 주는 법이 없다. 결점을 다 찾아내는 냉정함과 예리함에 주눅이 들어서다. 명징한 것이 상징이니 만큼 콧대가 높을 수 밖에 없겠다.

오래전 무심코 거울을 보니 머리 모양새가 까치둥지 같았다. 초면인 사람을 만나야 할 때 마음과 머리에서 된 바람이 앞서 불었다. 그 후 어디서든 거울과 마주치면 은연중 눈과 손이 머리에 가 있었다. 첫인상을 좌우하는 것이 머리임에야. 머리로 점수를 까먹는 게 약간 억울하였다. 그래서 앞머리의 작은 부분 가발 하나를 홈쇼핑에서 샀다. 변명 같지만 상대에 대한, 예의 차원이기도 한 가발을 사용하고부터 그 바람이 슬슬 잦아들었다. 가발 덕을 본다. 거울이 '예뻐'라고 속삭이는 듯했다.

여자는 유행 따라 단발머리, 발랄한 커트머리, 굽실굽실한 파마머리, 우아하고 고풍스러운 올림머리로 신선한 이미지 변신을 늘 꿈꾼다. 나는 어떤 머리도 맞지 않는다는 선입견에 몇 십 년 동안 머리 스타일이 한결 같다. 미용실도 줄창 한군데만 간다. 한 마디로 유연성이 없으니 무슨 늘품이 있겠는가. 융통성은 머리칼이 가늘고 굵고 하는 것과도 연관되나 보다며 거울에 말을 걸었다.

두 여동생은 어머니를 닮아 머리숱이 많다. 어머니와 동생은 나보다 마음 또한 훨씬 둥글다. 이것 또한 굵은 머리카락 영향일까. 결혼하기 전엔 무겁도록 숱이 많은 어머니의 머리카락을 정기적으로 내가 가위로 듬성듬성 잘라 냈다. 마치 채소를 솎아내듯이. 그때마다 어머니는 날 것 같다며 잔잔한 미소로 답례했다. 머리카락이 잘려 나간 양만큼 시름덩이도 잘리고, 가벼워진 머리의 시원함처럼 갑갑한 가슴도 트였으리라. 내 손이 마치 가위손이라도 된양 우쭐해 졌다.

그땐 나도 머리숱이 많아 어머니처럼 감당 못할까 봐 지레 걱정됐다. 그런데 결혼 십 년째 장티푸스를 심하게 앓았다. 그 때문에 현저하게 머리숱이 줄어들고 머리카락도 가늘어졌다. 힘 빠진 머리카락처럼 그즈음 삶의 의욕도 잃고 의지도 약했다. 팍팍했던 삶의 흔적이 머리카락에서도 나타났다. 그땐 건강한 머리카락에서 삶의 열정이 판가름 나는 줄로만 알았다. 새도 숲에서 지저귀고, 짙은 나무 그늘이 쉼터가 되는 것과 같다고.

잘되면 내 덕이요, 못 되면 조상 탓이라고 했던가. 나도 어머니를 닮지 못했다고 부모 탓도 한다. 두 여동생은 모습 또한 어머니와 흡사하다. 짙은 눈썹에다 속눈썹이 길고 눈이 크면서 얼굴형이 갸름하여 전형적인 여성상이다. 그 덕분에 곱다는 말을 많이 듣는다. 나는 얼굴, 목소리, 특히 치과 의사가 타고 났다며 감탄하는 튼튼하고 고른 치아까지 아버지를 닮았다. 다행히 치아 걱정은 덜었다. 그럼에도 거울 앞에서 어머니를 닮지 못했다고 억지 아닌 푸념 한다.

가끔 딸이 내 머리 염색도 해 주고, 머리 손질은 자주해준다. 내가 어머니의 흰머리를 뽑아 주었던 그 아릿함이 거울 속에 어른거린다. 거울은 마음까지 비춰준다. 같은 거울이라도 마음이 찹찹할 때는 거울 안으로 시린 바람이 스치고, 좋아 하면 더욱 투명하고 그 이름도 빛을 더 해 스스로 감탄하게 한다. 어머니와 함께 거울 앞에서 방긋이 웃었던, 오래된 그 흑백 그림을 칼라로 만들어 준다. 딸도 훗날 이 시간을 그리워하리라.

그러고 보면 딸이 지난날의 나를 돌아보게 하는 또 하나의 거울이다. 거울 앞에서 더 다붓해진 우리 모녀간의 치사랑 또한 거울 속에서 가을 하늘처럼 깊고 은은하다. 훗날 반추해 볼 한 편의 추억거리를 오늘도 거울에 심어놓는다. 무엇이든 비춰주는, 어느 거울이든 유리라는 일관성이 모녀의 사랑도 모아주나 보다.

거울은 먼저 웃지 않는다. 거울의 자존심일 것이다. 세상의 물건 중에 가장 잘 만든 게 유리라니 그 자존심에 누가 왈가왈부할 수 있으리. 여기에 일천육백 년 전의 신라 고분에서 유리 주전자, 유리잔 등이 나왔다. 놀랍게도 그옛날 까마득히 먼 지역의 로만글라스다. 그 깊은 역사만큼이나 보면 볼수록 신비로운 게 유리다. 사람도 이런 거울 앞에서 다툼이나 싸움 따위는 할 수 없을 게다. 본인의 흐트러진 모습을 거울에 들키고 싶지 않을 것이므로.

오늘부터 거울과 눈을 자주 맞추려고 애써야겠다. 넋두리도 들어주고, 내 허물을 지적해 주고, 실수를 사전에 막아주는 그 공에 보답해야 될 것 같다. 거울 앞에서 웃는 연습도 많이 하련다. 자주 웃고 싶어서다. 거울은 “그래 돈 주고 살 수 없고 세금도 안 붙는 게 웃음인데 그것도 못한다면 나를 더 이상 볼 생각 하지 말아라.”라고 속삭이듯 말한다. 나는 “맞아요. 맞아”라며 웃는다. 좀 어색해 지지만 웃음이 보약이지 않은가. 가슴에 웅크리고 있는 만리수를 박장대소만이 저만치 밀어내 줄 테다.

그때는 내 거울에도 동그란 달이 뜰 것이다.

보리밭

차창 밖으로 누런 보리밭이 지나간다. 먼 산의 푸른 나뭇잎은 보리 철이 다가왔다는 신호라도 하는 듯하다. 초여름의 버스는 보리 냄새를 맡고 싶어서인지 꾸불거리는 황톳길로 꾸역꾸역 보리밭 따라서 달린다.

〈보리밭〉 노래가 절로 입가에 번진다. 버스가 흔들릴 때마다 노래도 덩달아 입 안과 가슴에서 출렁인다. 노래 따라 보리도 지그시 몸을 눕힌다. 은근히 옆으로 몸을 기대다가 일어서기도 한다. 이런 보리밭에서는 바람도 비스듬히 보리밭 흉내를 낸다. 황금빛으로 물든 보리밭. 누룽지에서 구수한 숭늉 맛이 막 우러나듯 일렁이는 보리밭의 다디단 공기를 가슴 깊이 들이마신다.

언젠가 보리밥집에 갔을 때였다. 툭툭 밥알이 불거져 나오는 보리밥, 숟가락으로 뜨면서 어릴 때 먹던 그 보리밥을 떠올리기도 했다. 실은 추억을 먹으러 부러 보리밥집에 간 셈이지만.

예전처럼 도리깨질로 보리타작을 하는 곳은 보이지 않는다. 콤바인이라는 기계에 일을 맡기고 농부들은 그 뒤치다꺼리나 하고 있다. 그런 탓인지 온 가족과 이웃이 손을 모아 함께 일하는 모습은 거의 볼 수가 없다. 그때는 땀을 소매 끝으로 훔치며 힘들기만 했는데, 그 힘들었던 일이 왜 그리운 추억이 되는지. 하기야 지나간 것은 쓰든 달든 추억이라는 이름을 달고 나오지 않던가.

어머니는 막냇동생의 첫돌을 두어 달 남겨 놓고 늑막염이라는 모진 병으로 몸져누웠다. 스무남은 마지기나 되는 논밭의 밀과 보리 수확을 앞두고 있었기에 병구완은 오히려 뒷전이었다. 아쉬운 일손이 더 아쉽게 됐다. 어머니가 하던 일을 아버지와 할머니가 대신했던 것이다. 나는 등에 나와 띠동갑인 막냇동생을 업고 새참과 점심을 들에 나르며 조금이나마 일손을 도우려고 애썼다.

내 바로 아래 남동생은 나보다 덩치도 크고 일도 썩 잘했다. 처음에는 서툰 솜씨로 보리를 베다가 손가락이 낫에 베이기도 하였다. 그러나 허리 펼 틈도 없이 밀어닥치는 일을 동생은 군말 없이 척척 잘해냈다. 비는 왜 그렇게 잦았는지. 논바닥에 깔아 놓은 보리를 뒤집어 주기도 했고, 또 어떤 것은 물기를 털며 논귀로 갖다 날라야 했다.

그런 와중에도 보리타작 소리는 신명나게 들렸다. 어른들이 앞소리와 뒷소리로 흥을 돋우었다. 몰이라도 하듯 내리치는 도리깨질에 보리 이삭도 즐거운 듯이 품고 있던 낟알을 수북하게 타작마당에 풀어놓았다. 할머니와 나는 그 광경과 소리가 좋아 마당 어귀에 서서 장단 맞추며 고개를 끄떡이었다.

보리낟을 털어낸 보릿짚은 좋은 땔감이 됐다. 아궁이 가득 타는 보릿짚에서 이따금 타닥타닥 낟알이 튀는 소리도 들렸다. 그럴 때마다 어쩌다 하얗게 튀겨진 튀밥이 아궁이 밖으로 튕겨 나왔다. 보리튀밥이 되어 나오는 게 신기하고 고소해서 주워 먹는 재미도 컸다. 힘이 없어 보이는 보릿짚도 아궁이를 만나면 콸콸거리며 탔다. 뭉치면 힘이 된다는 말을 그때 처음 알았다.

아궁이 앞에 퍼더앉아 부지깽이로 보릿짚을 밀어 넣으며 장차 무엇이 될까 하는, 막연한 꿈도 꾸었다. 늑막염으로 고생하는 어머니를 생각해 보니 간호사가 되고 싶었다. 그러리라는 다짐을 불 때면서 몇 번이나 했던지. 보릿짚을 땔감으로 쓸 일은 점점 없어졌지만 어릴 때의 보릿짚 타는 냄새는 좋은 추억으로 남아 있다.

보리밭을 매면서 부르던 어머니의 구성진 가락은 지금도 내 귀에 어슴푸레 들리는 듯하다. 이랑이 긴 보리밭의 김매기에는 노래가 힘을 실어 주었던 것이다. 꾀꼬리와 종달새도 즐거운 듯 합창을 했다. 내꿈을 노래해 준 그 새와 한 공간에서 보내는 시간이라 보리밭 매는 일이 힘들지 않았다는 생각이 든다.

김매기가 끝난 보리밭은 어느새 훌쩍 자란 보리가 이랑 가득 감실거리더니 바람에 넘어지다가 일어나 녹색 파도로 출렁이었다. 어머니와 논두렁에 앉아 푸른 하늘을 수놓은 엄마구름, 아기구름, 뭉게구름을 헤아렸다. 그런 즐거움도 잠깐이었다. 파도 치는 보리밭의 이랑 너머로 힘겨운 보릿고개가 해가 긴 늦은 봄에 찾아왔다. 허리춤을 조여 맬 무렵 풋보리는 다행스럽게도 명줄을 이어주는 유일한 구황식량이 되었다.

자식 셋을 길러 보아야 어머니의 마음을 안다고 했던가. 자식 둘인 내가 어찌 어머니 마음을 다 헤아릴 수 있으리. 어머니는 흉년이 든 해 보리밥에 된장국이라도 여러 자식에게 실컷 먹이지 못해 늘 애태우셨다. 그 어머니가 지금 보리밭 언저리에서 서성이고 있을 것 같아 이랑 너머로 자꾸만 눈이 간다.

지난겨울의 뼈아픈 추위를 이겨 내고 알찬 열매를 맺은 보리처럼 어머니는 우리를 키우고 다독여 주셨다. 보리밭은 인고를 아는 어머니의 모습이랄까. 그 어머니가 넉넉하게 일렁이고 있다.

무단히

한 여름이다. 연일 폭염으로 높은 기온이 숫자를 더해 간다. 더위가 거의 살인적이라 만물을 푹푹 찐다. 작은 일을 해도 땀이 비오 듯 줄줄 흐른다. 찬물 덮어쓰기를 하루에 몇 번씩 하건만 돌아서면 그뿐이었다. 이럴 때 무단히 복부에 화상을 입었다. 쓰라린 마음의 땀이 소낙비가 되어 가슴에 쫙쫙 쏟아진다.

며칠 전 멸치 볶음 냄비에 배를 데었다. 가스 불 옆 싱크대가 목판이라 달구어진 냄비를 개수대 옆의 쇠 싱크위에 갖다 놓았다. 놓는 순간 냄비가 아래로 떨어질 것 같이 기울었다. 그걸 막는다는 것이 반사적으로 배를 뜨거운 냄비에 쑥 내밀고 말았다. 뜨거운 냄비가 바보, 등신, 머저리 하면서 아이처럼 덤벙댄 나를 냄비보다 더 뜨겁게 나무라는 것 같았다. 당연히 싱크대에 놓여있는 그릇 바구니부터 치우고 냄비를 놓아야 했으며, 볶은 멸치를 다 버린다 해도 그만이다. 그런데 그게 아깝다고 이리도 미욱했을까 하는 생각에 속이 쓰리고 또 쓰렸다. 안 해도 될, 생고생을 해도 백 번 싸지 않은가.

그때 공교롭게도 상의를 둘둘 말아 배꼽티를 만들어 놓은 상태였다. 그러니까 그 부위에 살을 노출하고 있었던 터였다. 모기한테 물린 허리에 약을 바른 후였기도 하고, 불앞에서 요리를 하느라 너무 더웠기 때문이기도 했다. 또 은연중에 젊은이들의 흉내를 내 보고 싶은 마음이 깔려 있었는지도 모른다.

하필, 그 시간에, 왜, 하는 의문이 꼬리에 꼬리를 물었다. 사고의 원인 제공에 모기란 놈이 거들었겠다. 밉다 밉다하면 더 미운 짓만 한다더니 모기가 딱 그 짝이 아닌가. 그 바람에 댄 곳에 금방 붉은 꽃이 피었고, 몇 시간 지나자 큼지막한 수포가 생겼다. 하는 수 없이 외과 치료를 이틀마다 받고, 약을 하루 두 번 복용한다. 모기를 원망할까 하다가 방만했던 나를 탓해야 옳을 것이다. 어쨌든 어정쩡한 내 마음가짐과 무단히가 문제다.

사정이 이러한 때, 친구 세네 명과 해수욕을 가기로 약속돼 있었다. 이 나이가 될 때까지 수영복을 차려 입고 해수욕 해 본 기억이 없다. 그래서 그 제안에 무조건 쌍수를 들었다. 해수욕이 뭐 대수라고 맺힌 한을 풀, 절호의 기회가 왔다고 지레 설렜다. 지인 아들의 직장 휴양지가 바닷가에 있어 그 덕을 보겠다고 날짜만 손꼽았다. 모기가 안 하던 짓을 하려는 나를 말리느라 그랬을까. 아니면 내가 모기약을 뿌리고, 모기향까지 피우니까 앙심을 품었을까. 그도 아니면 배꼽티를 한번 입어보라고 그랬을까. 이런저런 넋두리가 또 꼬리를 물고 지나갔다. '아니, 내 주제에 무슨 해수욕이랴.' 한나절 내내 웃음이 실실 나왔다. 그래도 해수욕을 못하게 된 애석함은, 다 잡은 물고기를 놓쳐버린 미련만큼 크다고나 할까.

나는 "무단히 화상을 입어 이 찜통 더위에 목욕도 못하고, 친구들과 약속도 못 지키고, 병원 다니는 것도 번거롭고 돈만 까먹네요."라고 우리 동네의 친근한 의사 앞에서 절로 푸념이 터져 나왔다. 그때 의사가 의미심장한 웃음을 날리며 툭 던지는 말이 명답이었다. "그 무단히가 동네 의원들의 밥줄이 되는 것입니다."라고 하지 않은가. 무단히 다치는 사람이 있으므로 병원 수입과 직결된다는 말이라는 것을 금방 알아들었다. 나도 "무단히가 상부상조 역할을 하는군요."라고 몇 마디 했다. 크고 작은 사고들이 예견된 것이 아니어서였다.

무단히 생기는 일이 이뿐인가. 무단히 잠이 안 오고, 우울하고, 외롭고, 그립고, 즐거울 때도 있다. 그리고 내가 어쩌지 못하는 세상사도 무단히 답답하다. 철석 같이 믿는 식구들도 밉다. 그럴 때는 널뛰듯 뛰는 못난 감정을 어떻게 하지 못한다. 감정에 치우쳐 내 마음 밭에 좁쌀만 널려 있다는 자괴감마저 든다.

사람만 그런 것이 아니다. 포근한 집에서부터 아끼는 살림살이까지 다 구질구질해 보이고, 마당에 버티고 선 나무들도 이건 키가 너무 커서 부담스럽고, 저건 낮아서 정이 안가고, 또 숲이 성글어 성에 안찬다. 청아한 새 소리도 시끄럽게 들리고, 비좁은 마당도 더 갑갑하다. 하늘의 짙은 구름을 뽀송하게, 먼지를 일게 하는 거센 바람도 순하게 바꾸고 싶다. 이 모두 무단히 생기는 변덕이 주범이다. 다양한 감정을 운전하는 게 변덕임에야.

무단히 생청을 쓰던 철없는 아이 때문에, 무단히 트집을 잡던 무정한 남편 때문에, 무단히 억지를 부리던 못 말리는 어른 때문에 힘들어 했던 것도 다 무단히가 부리는 심보 때문이었던 것이다. 나 역시 누군가에게 그랬다는 것을 진즉 알았다면 마음이 그다지 고달프지는 않았을 텐데. 무엇이든 지나봐야 알아 지는 걸 보면 내 철듦이 항상 한 템포씩 늦다.

오늘은 무단히 집과 살림살이가, 마당에 꿋꿋하게 서 있는 나무들이, 식구들과 자신이, 세상사가 모두 안쓰럽다. 그것을 넘어 너무 불쌍했다가 정말 고맙다는 생각으로 이어진다. 이럴 때는 내 마음 하나로 희로애락의 감정을 사르르 녹여내는 것이다.

사람을 만나는 것도, 평생 함께할 배필을 엮는 것도 무단히 이루어질 때가 있다. 특히 젊은 남녀가 결혼 상대를 타지에서 만나면 인연 만들려고 그곳에 갔다라고 한다. 무단히가 중매쟁이도 된다. 좋은 인연이 있는가 하면, 영 맞지 않는 악연이 있기에 무단히는 긍정과 부정의 측면으로 상반된다. 그래도 우리는 한 쪽만 좇을 수 없다. 무단히의 습성이 내 의지와 상관없고 나를 조정하기 때문이다. 역사에서 그 어떤 것도 가정이 있을 수 없다고 하듯 무단히도 그냥 흘러가는 시간 속에 늘 잠재한다. 결코 따돌릴 수 없다. 아무런 의도와 계산이 없는 만큼 순수하다.

무단히는 무연히, 무심코, 무심결, 무덤덤하다는 어휘와 사촌쯤 될 것 같다. 나는 이 말들이 내게 기쁜 일만 안겨줄 것이라고 조용히 기대해 본다. 그런 행운으로 살짝 가슴 떨어 보고 싶다.

봄 마중 나가는 개구리에게

새싹이 억만 톤의 무게를 디밀고 삐죽삐죽 올라오고 있어요. 용을 쓰는 게 보이네요. 커다란 고무 함지와 큰 화분 예요. 꽃이 정말 예쁜 금낭화 집이랍니다. 머지않아 연분홍의 꽃 타래가 치렁치렁 매달릴 것을 떠올리니 벌써부터 가슴이 설레는군요. 줄줄이 매달린 꽃 모양이 일렬로 달아 놓은 연등 같아 참으로 보기 좋았거든요. 우리 집에서 금낭화가 가장 먼저 봄소식을 안고 오는 셈이지요.

봄을 재촉하는 비가 두어 차례 내렸어요. 그래도 이렇게 빨리 화답이 올 줄은 몰랐답니다. 비가 오기 전에는 새싹이 틀 것 같은 기미가 없었으니까요. 꽁꽁 얼어 있던 화단에도 따지기를 해 봄기운이 감돌고 흙냄새가 풍겨오네요. 보리밭과 논두렁의 그 냄새와는 사뭇 다른, 봄 향기가 확실하군요. 모과나무도 연녹색의 싹을 틔우려는지 깡마른 가지를 힘차게 뚫고 봄 기척을 내고 있으니까요.

겨우내 어깨가 무거웠지요. 가슴을 쫙 펴보았지만 마음도 몸도 자꾸 움츠러들었어요. 내가 겨울을 싫어하는 까닭도 이 때문이에요. 그밖에도 여러 가지 이유가 있긴 해요. 먼저 자고새고 쳐다봐야 하는 우리 가게 앞의 야산이에요. 앙상한 나목들이 삭풍에 떨고 있는 것도 을씨년스러웠고, 숲을 헤치며 쪼르르 달려오던 청설모가 사라진 것도 왠지 싱겁기만 하더군요. 그래도 겨울 산은 진달래꽃, 벚꽃, 아까시꽃, 찔레꽃을 차례로 피워 주는 봄 산을 근사하게 선물해 주고 물러가지요. 겨울 산의 인내는 아름다운 배려인가 보네요. 나는 그걸 위안 삼아 긴 겨울을 견뎌내는 데 힘이 됐어요.

까치도 추위를 타나 봐요. 겨우내 정겹던 까치 소리가 둔탁하게 들리던데요. 하늘도 그렇더군요. 희부연 연회색의 하늘을 보면 마음이 절로 추워지더군요. 군데군데 떠 있는 구름마저도 얼음뭉치 같아 보였어요. 계절의 변화에 구름도 함께하나 봐요. 굳었던 구름이 연방 솜방망이처럼 부드러워지네요. 머잖아 화풍난양이 골목골목 그득해질 것 같군요.

산길도 쓸쓸했답니다. 구슬픈 산비둘기 울음도 들리지 않아 적막강산이었어요. 잡목이 우거지면서 풀도 무성하고, 매미와 풀벌레가 노래하는 여름 산길이 마음을 훨씬 푸근하게 해주거든요. 반면에 황량한 겨울 산길은 건조한 날씨 탓에 먼지가 많아요. 흙먼지들이 폴폴 날려 정이 안 가더라고요. 아니 날씨 때문만은 아니에요. 공공근로란 이름 아래 산길이 옆으로 두세 갈래로 늘어났지요. 옛길엔 소나무를 잘라서 말뚝으로 박고 계단길을 만들어 놓았어요. 길은 오히려 낯설고 오르내리기에 불편하기 짝이 없더군요. 다리를 더 아프게 하니 말이죠.

이리저리 돌멩이가 구르고 낙엽 덤불이 밟혀야 산길이 아닌가요. 오가다 돌멩이와 솔방울이 발에 차이거나 툭 차 보는 것도 산길을 걷는 재미지요. 솔가비와 낙엽이 깔려 있으면 산길의 멋이 더해지더군요. 그런데 이것저것을 걷어낸, 계단길이 마음에 들지 않는 사람이 많은가 봐요. 대부분 옆으로 난 샛길로 다니더군요. 인적 드문 계단길은 마치 민심이 돌아서 버린 설렁한 정치판 같다는 생각이 드네요. 인위적으로 다듬고 꾸민 것이 어찌 산길만이겠어요. 그림을 그리듯 자로 잰 듯 여기도 저기도 똑같아져버린 것들이 얼마나 많은가요. 그로 인해 무엇인가를 잃어버린 것 같은 아쉬움만 더하네요.

동네 골목에도 사람 구경하기가 가뭄에 비였지요. 찬바람만 골목 가득히 서성댔답니다. 담장너머로 철따라 피어나던 꽃들도 없고, 아이들도 보이지 않는 골목이 냉랭할 수 밖에요. 뜰을 내다보는 창가도 답답할 뿐이었지요. 굳게 닫힌 창문에 길게 드리워진 커튼이 바깥 풍경을 가리고, 바깥 소리까지 다 삼키면서 시침을 뚝 뗐으니까요.

어제 또 봄비가 내렸어요. 온 힘을 다해 세상구경 나온 새싹이 행여 다칠까봐 살금살금 오더군요. 그토록 갈망했던 봄이 슬그머니 왔나 봐요. 아직 소소리바람이 부는 골목에서도 아이들 떠드는 소리가 들려오는데요. 정녕 봄은 소리에서 시작되는 건가요. 그러고 보니 들판에 쑥이 올라오는 소리, 먼 산 계곡의 얼음 녹는 소리가 살살 부는 봄바람을 타고 들려오는 것 같아요.

얼마 후면 사방의 꽃나무에서 너도나도 꽃망울을 터뜨리겠죠. 우리는 맑은 하늘 아래 아기자기 피어날 새 생명의 향연에 박수를 보내게 될 테지요. 하나 힘들게 꽃을 피우느라 앓는 신음에 마음이 뭉클거리겠지요. 꽃의 피고 짐이 녹록지 않다는 것을 조금은 알기 때문이라고 할까요. 고통과 소멸이 동반되는 식물의 세계도 인생살이와 비슷한 점이 참으로 많잖아요. 어쩌면 봄을 기다리는 마음이 우리보다 더 절실할지도 모르겠네요. 맨몸으로 혹한을 견뎌내야 하는, 영원한 숙제를 떠안고 있지 않은가요.

내일은 집안 대청소부터 하려고 합니다. 장독대의 묵은 단지들도 말끔하게 씻어 햇볕을 쪼여 간장 담글 준비를 한 가지씩 하려고요. 구석구석 쌓인 겨울 먼지도 털어내고 창문도 열어 윤이 나도록 닦아 새봄맞이를 해야 되니까요. 투명해진 유리창을 보면 마음의 때가 씻긴 듯 얼굴이 환해질 테지요.

봄이 오는 길목엔 햇볕도, 바람도 상큼하군요. 소생하는 만물 따라 내 꿈도 꿈틀거리네요. 무엇이든 해보고 싶은 욕망이 생기는군요. 닫혀 있는 마음 또한 창문처럼 활짝 열어젖힐 거예요. 자연히 움츠린 어깨가 기지개를 켜지 않겠어요. 마음밭에도 빨강 노랑의 봄꽃이 화사하게 피겠지요. 하여 엉켜 있는 일들도 꽃잎 벙글듯이 하나하나 풀어지리라는 믿음이 가네요. 근심 대신에 웃음이 꽃마냥 만발할 것도요. 그래서 봄을 기다리고 또 기다렸나 봐요.

봄이 서붓서붓 오고 있어요. 경쾌한 새소리와 살랑거리는 바람이 봄을 왕창 데리고 오려나 봐요. 봄 마중 나가는 개구리에게 이 편지를 띄우렵니다.

꼬리에 꼬리를 물고

잡생각이란 형체도 색깔도 없다. 아무런 실체도 근거도 없는 사소할 만치 무용한 생각이 우리의 일상을 만들고 있다. 어떤 물리적인 것보다 더 무서운 게 생각이 아닌가. 옳고 바른 생각을 하는 것은 지당하다. 하나 나는 온갖 잡동사니 생각에 휘둘린다. 그림자에 속지 말고 환영에 휘말리지 말라고 하더라만 생각에도 속임수가 있다. 강물에나 띄워 보내야 할 잡다하고 부질없는, 나를 지배하려 드는 생각들의 그 긴 꼬리는 가위로 노끈 자르듯 삭둑 끊어지지 않는다. 물을 칼로 베는 것과 같다. 어쨌든 흔들리지 않는 부동심이 내겐 한참 미달인 것이다.

꼬리에 꼬리를 무는 것 중 하나가 가끔 밤잠을 송두리째 앗아가는 잡생각들이다. 뇌리에 화석처럼 박혀 있는 잊고

만 싫었던 아픈 일들이, 허황된 상상이 파일을 열듯 밤새껏 하나하나 풀어진다. 이제 해작질을 그만하라고 안아주고 등을 도닥거려도 심술을 부린다. 그 파일을 휴지통에 다 비워내야 슬며시 꼬리를 내린다. 그제야 반송반송하던 잡념이 사라진다.

철학자, 예술가, 발명가들의 빛나는 업적들도 모두 창조적이며 기발한 생각이 낳은 유산이다. 경이로운 그 에너지를, 이끌고 받쳐 주는 것은 가슴에 지닌 부동심의 공이 가장 클 것이다. 내게 부동심이 약하다는 것을 증명해 주는 게 있다. 명상을 할 때다. 가부좌를 틀고 아무리 당조짐 해도 망상과 번뇌들이 순서도 없이 널뛰듯 들어왔다 나갔다 한다. 언제쯤이면 나도 정염에 들어 일심정진一心精進할 수 있을는지.

그런데 글을 쓸 때는 생각의 길이 막힐 때가 많다. 특히 단락의 전환 때 생각이 아예 땅바닥에 드러누워 일어나질 않는다. 아무리 애원해도 모른 체한다. 내가 싫다고 도리질해도 꼬리를 물고 늘어지더니 그야말로 정체 구역이다. 원할 땐 속을 바짝바짝 태운다. 잔망스러운 미운 일곱 살의 아이 같다.

그러다 불쑥 솟아나는 생각이 갑자기 삼천포행으로 갈아탄다. 그럴 때 너무 얄밉다. 결코 원치 않는 길이다. 내가 이 변덕스러운 생각의 노예가 되어 끌려가다 보면 글은 일관성을 잃고 만다. 그것을 수습하려면 생각의 주인이 철저히 지배하고 통제해야 된다. 양쪽의 기로에 서서 우왕좌왕할 때 최대한 발휘되는 능력 또한 부동심이다. 그 평수가 좁디좁은 것에 절로 한탄한다. 가끔씩 차오르는 울분과 솟구치는 욕심, 삐죽이 돋아나는 모난 감정은 자제가 된다. 생각이란 자제와도 별개다.

꼬리를 무는 것은 무한의 연결고리와도 같다. 인맥, 학연, 지연에 힘입어 삶이 한결 윤택해지는 사람도 있다. 이 연결고리는 아주 요긴하게 쓰이는 열쇠고리와도 같은 맥락이다. 열쇠는 쇠자물통도 열어젖히는 마력을 가졌다. 연결고리도 열쇠처럼 앞이 막힌 길도 단박에 뚫어줄 능력이 한정 없이 잠재해 있다. 개인의 수단과 실력이 특별한 사람 말고는 한번쯤 등을 기댈 출세가도의 그 만능열쇠가 부럽지 않을까. 마음을 턱 맡길 데가 있을 때 든든해지는 것은 인지상정이다.

낭패를 보는 연결고리도 적지 않다. 이 고리는 동질감이나 친밀감과는 동떨어진다. 자동차 수십 대의 연쇄 추돌 사고는, 원인 제공을 한 사람 빼고 본인들 의지와 아무 상관없다. 몽땅 무더기 값으로 똑같은 사고로 넘어간다. 거기에 운명이니 숙명이니 하면 얼마나 분통터지고 억울할 것인가. 연쇄란 말의 어감이 쇠뜨기풀같이 억세게 들리는 것도 마음에 쐐기를 깊게 박은 것처럼 느껴지기 때문일 성싶다.

한때 미궁에 빠졌던 연쇄 살인 사건이 사회 불안을 크게 조성했다. 그 뉴스를 접할 때마다 연쇄의 모진 끈을 누군가가 뚝 끊어주길 바랐다. 연쇄는 언제고 같은 일이 일어날 것이라는 예감은 하지만 그 일이 불쑥 불거질 때와 그 대상은 예측 불허다. 가끔 고래 심줄보다 더 끈질긴 끈을 본다. 사회 저변에서 심심찮게 일어나는 부정부패 비리의 연결고리다. 그 고리가 강할수록 끌어당기고 놓지 않으려는 악착스러운 힘이 상관관계를 이루는 모양이다. 누구도 쉽게 허물 수도 떼어 놓을 수도 없는 것을 보면, 사회 구조 자체가 서로를 얽어매는 고리인지도 모른다.

고리의 연속성에서 눈덩이처럼 커지는 것이 또 있다. 사람 입에서 입으로 일파만파 퍼지는 소문이다. 입소문은 언제 어디서 누가 그러더라고 하는 풍문에서 시작된다. 이 불확실한 말 속에는 아무런 믿음이나 책임감이 없다. 진실이 왜곡되는 것은 뻔하다. 마치 소문이 진실인 양 버젓이 산불 번지듯 급속도로 이곳저곳으로 번져간다. 바람의 속성이 그렇지 않은가.

인터넷의 댓글의 꼬리도 입이다. 꼬리를 문 악성 루머의 댓글도 오죽해서 악플이라고 할까. 무방비 상태에서 일방적으로 당하는 쪽에서는 속수무책이다. 그 모멸감에 죽음에까지 이르는 안타까운 일이 가끔 생기는 것을 각종 매스컴을 통해 접한다.

우리네 삶이 연결고리와 무관할 수 없다면 일에 따라 적당한 시기에 끊을 단斷자가 꼭 필요하다. 쉼이 없다면 자성의 계기도 얻지 못한다. 쉼표에는 삶을 뒤돌아 볼 수 있는 여유가 부여된다. 그런데도 나는 쉼표 찍는 것에 익숙하지 않다. 크게는 잘못된 인연과, 작게는 타성에 젖은 습관이나 고루한 생각 탓으로 악순환을 거듭한다. 해식은 성격과 경쟁의식이 없었던 내 삶의 자세 때문이다. 그로 인해 발전 없이 살아왔음을 이제야 후회하지만 그 깨달음이 늦어도 한참 늦다.

이제부터라도 끊을 것은 단호하게 끊어야 되겠다는 의지를 굵은 철사로 꽁꽁 동여맨다. 하나 마음처럼 쉽지는 않을 것이다. 무 자르듯 담방담방 자른다는 것은 그만한 아픔이 수반되고 대가가 따르므로. 차도에서 꼬리 무는 자동차들은 신호등이 쉼표를 찍어준다. 사람들 가슴에도 일정한 시기에 차도의 신호등같이 제어 장치가 절로 발동하면 생각의 운행이 순조로워지겠다. 전광석화같이 반짝이는 생각으로 정사유가 듬뿍 담긴, 말수더구가 뛰어난 수필 한 편 건지는 것도 소망이다.

꼬리에 꼬리를 무는 망상은 뒷말 이어가기다. 언어가 언어를 물고 좇고 좇아온다. 정신이 퍼뜩 든다. 새벽이다.

4부

노천박물관

은행나무를 바라보다

네바강의 얼음꽃

슬퍼서 아름다운 섬

날지 못하는 새여

용장골의 소나무

노천박물관

노천 박물관이다. 역사의 전시장, 경주 남산이다. 그 말이 실감날 정도로 남산에는 많은 유물이 살아 숨 쉰다. 특히 신라인의 상징인 마애불이 많은 편이다. 바위부처들은 천오백 년 동안 불국토의 소원을 이어오고 있다.

그중 냉골의 상선암 마애여래좌상불이 남산에서 가장 크다고 한다. 꼿꼿이 선 마애불의 큰 키가 남산 들머리의 삼릉 앞에 늠름하게 뻗은 소나무와 상관관계가 있는 듯하다. 늙수그레한 얼굴은 경주의 기와지붕 이미지와 상통해 보인다. 부채꼴을 한 소나무 한 그루가 마애불을 수호하고 섰다. 날렵해 보이는 이 소나무는 사철 마애불의 시중을 들지 않을까. 이를테면 더울 때는 땀을 식혀 주고, 추울 때는 바람을 막아줄 것이다.

안노인 한 분이 마애불에 삼배를 올리고 합장을 한다. 노인의 간절함을 마애불은 들어주는지 굳진 얼굴로 끄덕인다. 길흉화복吉凶禍福을 점쳐 보는 곳, 소원을 빌 수 있는 곳, 즉 마음을 다 내보이며 불공드릴 대상이 있다는 것이 미덥다. 나도 마애불에 삶의 무게를 죄다 내려놓고 싶다. 다 감싸 안아 줄 것만 같다. 헤일 수 없이 많은 날들을 한결 같이 태양은 활짝 웃어주고, 바람은 마애불을 살살 만져주고 지나갈테다. 사람들의 아픔을 언제나 무상으로 보듬어 주는 마애불이야말로 현대판 슈바이처가 아니겠는가. 만인의 염원과 시름을 품어 안느라 마애불은 외로울 여지가 없겠다. 하지만 만수받이 마애불의 봄봄이 뒤엔 감춰진 상처나 아픔이 어찌 없겠는가.

내 어릴 때 할머니는 집안에 신앙信仰을 두셨다. 매일 아침마다 정화수 떠 놓고 부엌의 조앙신에게 비손을 하셨다. 섣달 그믐밤에는 집안 곳곳에 밤새도록 촛불을 밝혔다. 새해 초하루 아침에는 떠오르는 해님한테, 정월 보름날은 둥근 달님께 기도를 올렸다. 별도로 믿음을 두지 않았지만 자연을 숭배하셨다. 극진한 정성을 드릴 때 할머니의 마음은 자연과 하나였으리라.

대구 팔공산의 거방진 갓바위부처는 절실한 소원 한 가지를 이루게 해 준다고 한다. 허리와 다리의 통증이 심한 노인들도 갓바위를 참배하려고 가파른 계단길을 거뜬히 오른다. 갈망하는 마음이 발걸음의 무게를 덜어 주는 것이리라. 내가 갔을 때도 바람이 등을 떠밀어 주었고 햇살이 이끌어 주었다. 갓바위부처도 사람들의 순수한 정성을 알아주나 보다. 그 많은 사연을 다 받아 안고 아무도 몰래 왕래야 적래야 하겠지만.

막내 남동생은 마흔다섯에 첫 아이를 얻었다. 올케의 눈물 어린 치성 덕이었는지도 모른다. 오랫동안 애를 태웠던 탓으로 아이가 태어났을 때 동생은 병원 복도 계단 밑에서 소리 내어 울었다. 한참 동안 눈물을 펑펑 쏟고 난 후 동생의 상기된 얼굴에서 이 마애불의 천연한 모습이 겹쳐졌다. 그때 굳은 바위틈을 비집고 피워낸 꽃을 바라볼 때처럼 가슴이 먹먹해 왔다.

오늘 이 마애불이 나를 불러냈다. 내 발길이 여기에 와 닿은 게 그것을 말해준다. 이곳에는 장구한 세월 동안 꾸준하게 사람들이 찾아들었다고 한다. 도다녀간 사람의 수를 다 헤아릴 수는 없을 것이다. 신라 사람들에게 마애불은 이상세계였을 테니까. 나도 잠시나마 신라 사람이 됐다고나 할까.

품새가 예사롭지 않은 마애불은 벌떡 일어서서 산 아래의 마을을 굽어보고 있다. 마을을, 아니 세상사를 감지하려는 걸까. 장대한 마애불의 표정이 순박하면서 진지하다. 수시로 들려오는 상선암의 염불과 목탁소리를 들으며, 주야로 남산을 지키고 섰다. 그 진득함이 신라의 긴 역사만큼 길게 이어질 테다. 선조들의 발자취가 보존되어 온 것은 많은 사람들이 마애불을 신성시한 것도 한몫 거들었다고 생각한다.

절벽 위의 상사바위에 상사병이 난 사람이 기도하면 병이 낫는다는 전설이 있다. 고깔바위, 개눈바위, 부부바위, 삼신당바위도 지금까지 신앙의 바위로 전해오고 있다. 만물을 닮은 그 이름만으로도 기이하고 신기하다. 중첩을 이루고 있는 바위는 많은 사람이 삐대어 모가 깎이어 뭉개졌으리라. 오랜 세월 수많은 사람들의 소박한 마음과 발길이 이어진 경주 남산, 특별히 역사를 많이 품고 있는 산이 됐음직하다.

산과 바위는 사람과 떼어 놓을 수 없는 돈독한 사이로 유지되어 왔다. 신라인들은 산이 고향이었고, 생의 무대였다고 할 만큼 산과 가까이 지냈다고 한다. 산기슭에 집을 짓고, 산처럼 둥그스름하게 지붕을 씌웠다. 두루뭉술했을 그들의 심성과 생활상이 지붕에서도 나타났다. 그들은 생명을 다하면 산이 곧 영면永眠의 터전이었다.

우리네 삶도 사후 세계로 연결되는 것 같다. 한동안 다세대 주택 같이 소규모인 공원묘지가 늘어나더니 언제부턴가 아파트처럼 아래 위층의 다닥다닥 붙은 납골당이 불어났다. 이제 수목장이이라는 장례문화가 자리 잡았다. 자연과 가까워지고 싶은 우리의 소원은 저승에서나 이루어지려나 보다.

여기저기 솟아오른 많은 바위 형상이 사람 모습이다. 혹 그들의 넋이 바위 속에 숨어 있는 건 아닐는지. 마애불은 사람이 바위 속에서 스스로 걸어 나와 앉아 있거나 서 있다고 한 수필을 지도한 스승이 떠오른다. 그 상상력과 새로운 인식이 오늘 새삼 놀랍다. 내 눈도 그렇게 트일 날이 오기나 할까.

먼 훗날의 사람들도 삶이 고단하고 힘들 때 온화하고 호담한 이 마애불 앞에서 마음의 평안을 얻지 않을까. 마애불은 이미 천오백 년의 세월을 고스란히 안고 살아 있다. 또 다시 그만큼 한 세월이 흘러간다 해도 사람들과 불심의 연을 맺어 가리라. 무엇이든 오래된 것은 앞으로 그만큼 더 오래갈 것이라는 암시를 주지 않는가. 상선암 마애불은 바위의 맥박 소리가 끊어지지 않는 한, 영원히 성스러운 자리에 서서 조용히 천년의 미소를 지을 것이다.

은행나무를 바라보다

청도 적천사 앞이다. 우람한 은행나무 두 그루가 나란하게 서 있다. 은행나무는 위풍당당하고 기품이 빼어났다. 나무 둥치가 여남 아름은 족히 되겠다. 한 뿌리에서 서너 개의 굵은 둥치를 더 늘려 식구가 불어났다. 거기서 또 애채를 피워낸 가장자리는, 마치 수많은 신하를 거느린 임금 같고, 앞뒤 옆으로 뿌리 내린 작은 둥치는 호위병 같다. 적천사는 은행나무의 위용으로, 은행나무는 적천사의 고즈넉한 분위기로 서로를 안온하게 보듬고 있다.

은행나무는 대부분 도로가의 가로수로 즐비하다. 또 사찰이나 시골역의 마당에서도 더러 볼 수 있다. 거리와 사찰, 역이 유달리 오래 기억에 남는 것은 특별한 나무가 있는 데서 깊이 각인된다. 이를테면 운문사에는 축 처진 소나무가, 해인사와 다솔사에는 큰 고사목이, 적천사는 거목인 은행나무를 생각하게 되는 것이다.

나무도 어느 장소에서 사느냐에 따라 그 의미가 달라 보인다. 한적하고 공기 맑은 곳에서 턱 버티고 선 나무는 풍족함에 여유가 넘친다. 도심의 가로수는 과다한 자동차 배기가스에 찌든 것이 안쓰럽다. 우리네 인생길이나 나무의 삶이 하등 다를 게 없다는 생각이 조심스레 든다.

커다란 은행나무가 도심의 외곽 동네에 수문장으로 서 있는 것을 종종 본다. 적천사의 은행나무와는 처해 있는 환경이나 몸체가 천양지차다. 하지만 부챗살을 닮은 수관이 청청할 때는 준수한 신사 이미지가 풍기고, 노랗게 물이 들면 한복을 입은 여인처럼 우아하다. 여기에 마을 사람들에게는 쉼터가 되어 주고, 마을을 찾아오는 사람들에게 이정표 소임을 한다. 언제나 마을의 화합과 안녕을 기원해 주는 든든한 기둥 역할을 하는 셈이다.

은행나무가 지닌 준수함과 우아함이 나무 재질에서 선명하게 나타난다. 최고급 소반을 은행나무로 만드는 만큼 무늬목의 은은함이 뛰어나다. 그 멋은 마루 바닥재로도 출중하다. 견고하고 또렷한 문양이 살아 있는 듯 마음을 사로잡는다. 숨 쉬고 있는 고운 결이 나무의 전설을 세세하게 들려 줄 것만 같다.

적천사의 은행나무 두 그루는 임금과 왕비의 연을 맺었

는지도 모른다. 둘이서 마주보고 나눈 속 깊은 정이, 날마다 서로 주고받은 세상사 이야기가 흘러간 날짜 수만큼 간직하고 있으리라. 법당에서 들려오는 독경을 많이 들어 부처 나무가 되었음직도 하다. 긴 세월 어지러운 세상사를 끌어안고 그저 자연에 순응한 인고를 갑옷인 양 껴입고 있을 뿐이다.

이 은행나무는 팔백 년이나 떡하니 한자리를 지켜온 영물이다. 한 많은 역사를 고스란히 보듬고 있다. 숱한 사연을 털어놓는 듯 노란 이파리를 우수수 떨어뜨린다. 이파리는 수백 마리의 노랑나비가 되어 팔랑팔랑 난다. 은행나무가 삼켜온 속울음인가. 우리에게 내려 주는 성스러운 축복인가. 어쨌든 조금 전 감흥에 젖어 가을의 운치로는, 노란 은행단풍이 최고라고 했던 느낌이 싹 가신다. 폭신하고 샛노란 은행잎은 황홀하지만 풍상에 지친 나무 둥치를 꼭 껴안아 주고 싶다. 은행나무를 위로하는지 적천사에서 흘러나오는 스님의 염불소리가 나뭇가지마다 오롯이 안겨 든다. 세상 때를 씻어내는 풍경소리도 나뭇잎에 나붓이 앉는다.

두 그루 중에 하나가 노환인가 보다. 절문 중앙에서 비켜선, 몸체가 약간 작아 왕비라고 해야겠다. 누군가가 깊이 파인 상처에다 정성으로 치료해 새살을 채워 놓았다. 얼마나 중차대한 일인가. 은행나무는 세상을 굽어보는 것도, 역사의 산증인이 되는 것도 이제 버거운 모양이다.

나무는 살아서 천 년, 죽어서 천 년이라 한다. 고사목에도 생명이 있다는 뜻인 것 같다. 우리나라의 은행나무 중 가장 키가 큰, 경기도 양평에 있는 용문사의 진기한 은행나무다. 나이를 천백 살쯤으로 추정하고 있다. 그러니 이 두 은행나무가 여기에 머물 날은 아직도 창창 남았지 않겠는가. 은행나무는 고려 명종 때 보조국사 지눌이 지팡이를 꽂아, 아니 심어놓은 데서 뿌리가 내렸다고 한다. 울울창창 무성한 숲이 지눌의 공덕이라면, 잎을 떨쳐낸 앙상한 가지는 은행나무가 견뎌낸 세월이 아닐까. 거기에 중생들의 시름을 묵묵히 받아 안은 부처의 힘이 뿌리까지 스며들어 나무가 지탱하는 데 큰 몫을 했으리라.

천연기념물 402호인 굄성한 이 은행나무는 스스로 갖은 노력으로 키를 키워 왔을 것이다. 쌓아올린 내공으로 적천사의 귀한 보물인, 가끔 절 마당에 높게 펼쳐 놓는 괘불의 높은 어깨와 나란히할 수 있었지 싶다. 거기엔 천왕문의 사천왕들이 도량을, 은행나무를, 저 너머의 부도 밭까지 밤낮 눈을 부릅뜨고 지켜준 덕도 클 테다. 은행나무는 그 공에 힘입어 까치발을 하고 중생들의 삶을 내려다볼 것이다. 그것을 아는 많은 신하와 호위병이 은행나무가 다시 천세를 누릴 수 있도록 충성을 다하는 것으로 보인다.

그동안 적천사에 들고 나고 했던 주지 스님들은 은행나

무의 동태를 세밀히 살폈을 터, 그만큼 정도 푹 들었을 것이다. 하여 은행나무와의 이별이 한층 무거운 수행이 되지는 않았을까. 어떤 인연도 돈독한 정을 쌓을 때보다 그 끈을 놓는 것이 더 어렵지 않던가.

은행나무에서 기다림의 미학을 본다. 갑갑할 때는 의연히 서서 바람을 기다리고, 목마를 때는 비를 기다리고, 외로울 때는 사람을 기다렸으리라. 눈부신 황금색의 풍요를 만인에게 나눠 주기 위해서 말이다. 마음을 기댈 수 있는 은행나무가, 고단한 삶을 내려놓는 중생들 가슴에 보물로 오래 남아 주었으면 하는 바람이다.

명상의 글에서 은행나무는 동시에 '생각을 정리하고 또 거기에 집착하지 않을 수 있는 힘을 준다.' 그리고 '몸의 해독작용을 돕는다.'고 했다. 이것은 마치 스님의 법문 같다. 사찰의 은행나무가 특별히 건재한 이유가 여기에 있는지도 모르겠다.

은행나무에 포근히 안긴 햇볕이 오수를 즐기고 있다.

네바강의 얼음꽃

내 생애 눈雪을 가장 많이 본 며칠이었다. 자동차를 타고 눈 내리는 창밖을 볼 때도, 길을 갈 때 머리위로 끝없이 흩날리는 눈도 전혀 질리지 않았다. 계속되는 눈 내림이 눈에 대한 오랜 목마름을 한방에 해갈해 주었다. 겨울왕국의 여행, 그 멋진 설경에 젖어 가슴 속까지 새하얘졌다. 맵찬 날씨가 영하 십오도 이쪽저쪽을 넘나들었는데도 마음은 봄날 같아 사나흘이 꿈결처럼 지나가 버렸다.

순백의 눈길에서 에메랄드 눈빛을 띤, 긴 갈색머리의 아가씨가 까만 부츠를 신고 눈 위로 자박자박 걸어오고 있었다. 온통 눈에 덮힌 공원에서 파란 재킷에 하얀 바지의 조화로움이 엷은 구름 사이로 살짝 내미는 해님만큼 선명했다. 새 하얀 눈의 배경이 연출해 낸 작품이리라. 흰색 자체만으로도 미술가가 아닌가. 하얀색은 무엇이든 다 만들어내는 특별한 재주를 가지고 있으니 말이다. 그곳 거리에서 본 많은 여성 대부분이 밍크 롱코트를 입고 다녔다. 날씨와 적절한 밍크코트가 한층 더 돋보여 그 진가를 제대로 느꼈다. 그런 중에 또 다른, 발랄한 아가씨의 산뜻함까지 싸아하게 가슴에 안겼다고 할까.

상트페테르부르크는 물의 도시, 문화의 도시, 인공의 도시라는 명칭을 갖고 있다. 시내 복판을 가로 지르는 운하가 러시아의 사대 강 중 하나인, 네바강으로 이어진다. 그 운하가 꽁꽁 얼어붙어 유유히 흐르는 물결의 묘미를 놓친 게 정말 애석하다. 네바강 하류지역을 매립하여 개척한 도시로 백여 개 운하에다 삼백육십 개의 다리가 거미줄처럼 연결되어 있다. 얼기설기 얽힌 우리네 인연의 고리가 겉으로 보인다면 그 다리의 복잡한 관계망과도 엇비슷하지 않겠는가.

여름엔 다리들이 시간 맞춰 높이 들린다. 다리 밑으로 큰 배들의 항해가 활발해 세계무역의 거대한 소통이 물위에서 이루어진다. 운하 주변에 자리 잡은 귀족의 저택, 예술학교, 궁전, 성당 같은 중세 건물이 즐비하다. 건물의 색상은 원색이 거의 없고 담녹색, 연푸른 색, 연노랑색이다. 느긋하게 살아가는 러시아인들의 생활상 같이 한결 여유로워 보였다.

운하의 뱃길에서 문화생활이 대부분 이루어진다고 한다.

그 연례행사가 별스럽다기보다 부럽다는 생각이 들었다. 배위의 각종 음악회의 째즈음악, 락음악, 페스티벌의 영화제, 졸업기념의 무도회가 얼마나 운치 있고 낭만적인 예술제인가. 오월부터 밤이 없는 백야가 구월까지 이어져 별천지라고 한다. 겨울여행인 탓에 볼 수 없는 게 참으로 아쉬웠다. 전깃불 없이 글을 읽을 정도로 대낮 같다는 그곳의 기후가 정말 특이하다. 그 뿐이 아니다. 겨울엔 흑야가 있다.

여행 중 오전 열한 시쯤에야 휘붐한 여명이 찾아들었다. 나흘 동안 해 구경을 단 한번 했다. 그것도 아주 잠깐. 가는 눈이 여전히 내리는데 해가 반짝, 로또 복권 당첨자 발표처럼 빨리 스쳤다. 연중 해를 긴 시간, 볼 수 있는 날이 불과 칠십여일 밖에 안 된다는 사실에 심히 놀라웠다. 누구에게나 애인이자 재산인 해를 그토록 만나지 못한다는 안타까움에 살짝 동정이 일었다. 해님이 얼굴 보여주는 날은 거리에도, 공원에도 아이들부터 노인들까지 일광욕을 즐기기 위해 북적댄다고 했다. 그동안 해의 소중함을 잊고 지낸 자성의 마음과 햇볕에 고마운 마음이 절로 우러났다. 가까운 곳이면 우리나라의 쨍쨍한 햇빛을 무한정 퍼주고 싶은 마음이 마구 솟았다.

일기가 어둑하여 사람들이 자칫 우울해지고 자살률로 높겠다는, 무엇과 경직되고 정체된 느낌이 드는 건 어쩌지 못했다. 그래서 러시아에서 세계 불후의 명작과 명곡을 남긴

대 작가들이 대거 탄생한 것은 아닐까. 춥고 건조한 그 환경이 오히려 예술에 더 탐닉하게 되고, 몰두하게 되는 요인이 되지 않을까 하는 생각도 조심스럽게 들었다.

문학으로 유명한 푸시킨의 〈삶이 그대를 속일지라도〉와 톨스토이의 ≪부활≫, ≪전쟁과 평화≫, 도스도에프스키의 ≪죄와 벌≫이 있지 않은가. 또 음악인으로도 영화 〈샤인〉에 나왔던 작곡가 라흐마니노프를 비롯 차이콥스키의 〈백조의 호수〉, 〈호두까기 인형〉의 명곡이 있고, 발레의 본고지로도 세계만방을 떨치고 있으니까 내 생각이 영 엉터리는 아닐 것 같기도 했다.

문화의 도시라는 데도 그만한 이유가 있었다. 그들은 월급날 봉급 절반을 뚝 잘라 일가, 친척, 친구를 불러 모아 함께 식사하고 공연과 콘서트를 즐기는데 쓰는 게 보편화되었다. 한 끼의 밥을 굶어도 공연 티켓이 먼저라는 것이 기본이라고 한다. 공연장에 입장할 관객들이 길게 줄을 서서, 느긋하게 차례 기다리는 것을 여러 번 볼 수 있었다. 질서를 지키는 그 긴 줄서기만으로도 높은 문화수준이 나타났다. 그만큼 문화 예술을 사랑하는 그들이 바로 성숙한 문화를 만들어 간다고 하면 어떨지.

살과 뼈, 노동과 피 위에 표트르대제가 개척한 땅이 상트페테르부르크라고 한다. 늪지대에서 노예로 살아온 삼백년의 세월을 딛고 물의 도시, 문화의 도시, 인공의 도시로 탈바꿈시킨 것이다. 찬란한 로마르트 왕조의 화려한 궁정 문화가 그곳에 고스란히 살아 숨 쉰다. 사회주의가 붕괴되었지만 그 옛날 높은 권력의 흔적들과 서구 사회의 문화가 공존하여 무척이나 흥미로운 도시다. 무궁무진한 볼거리에 푸짐한 선물을 받은 듯 마음이 넉넉했던 그 기억들도 오래 간직하고 싶다.

세계 불가사의라는 하늘 궁전의 내부 장식 모두가 호박 보석이었다. 호박 방을 둘러볼 때는 그 호화로움에 떡 벌어진 입이 다물어지지 않았고, 세계 삼대 미술관 중 하나라는 에그미터쥬 박물관을 관람할 때도 뛰어난, 세계적인 작품 앞에서 가슴이 요동쳤다. 작품의 깊이에까지 다가가지 못하는 무지에 수없이 좌절했지만 수박 겉핥기로라도 눈을 호강시켰다.

또 세계에서 세 번째로 규모가 큰 웅장한 성 이삭 성당에서는 쉽게 발걸음조차 뗄 수가 없었다. 견고하고 섬세한 건축 기술과 사십오 년을 투자한 긴 세월이 빚어낸 튼튼한 내부 구조에 감탄사만 내내 연발했다. 모두 여행의 의미를 가득 채워 주었다.

그것들만큼 감흥을 불러일으킨 것이 또 있었다. 네바강의 새하얀 얼음꽃은 숨을 멎게 했다. 강폭이 어느 정도인지는 가늠이 안됐지만 넓고 깊은 강물이 도도하게 흐르다가, 자유자재로 물결치다가 그대로 얼음 꽃이 되어 있었다. 각기 다른 모양으로 수북수북하게 층층을 이룬 하얀 꽃밭이 단연 압권이었다. 얼음 밑, 수심 삽 십 미터 아래로 강물이 태연하게 흘러가면서 눈꽃을 하얗게 피워 올렸던 것이다. 목화 송이처럼 다복스러웠다.

그것이 무시로 부는 바람 덕도 있고 보면 자연끼리도 상부상조하는가 보다. 강은 분명 많은 이물질과 아픔을 끌어안고 있을 터. 그게 믿어지지 않을 정도로 너무도 깨끗한 이미지만 다보록했다. 오랜만에 마음의 평화를 누리는 호사로움에 흠뻑 빠지게 한 네바강, 그 하얀 풍경이 지금도 삼삼하다.

네바강의 얼음은 겨울왕국의 역사가 아닐까. 표트르대제의 옹골차고 굳건한 의지라고 해도 괜찮을까. 그의 의지가 서서히 뭉쳐서 얼음처럼 차가운 도시로, 얼음의 융화처럼 물의 도시로 거듭났을 테다. 상트페테르부르크, 그 거룩한 섬을 떠올리면 내 눈앞에 네바강의 새하얀 얼음 꽃이 활짝 피어난다.

슬퍼서 아름다운 섬

넘실넘실 춤추는 푸른 물결위에 무수한 은빛분말이 쏟아지고 있다. 소록도의 과거 아픔 따위는 아름다운 저 윤슬이 다 보듬어 녹이고 없을 것 같다. 솔솔 부는 바람 또한 엄마 손처럼 다독여 주었을 것이다. 한센인들의 지난한 세월이 너무 슬퍼서 아름다운 것일까. 아기 사슴을 닮은 섬이라는 소록도小祿島, 아름다워서 더 슬픈 것일까. 벅찬 감동이 밀려온다. 그들의 아픈 역사가 짙게 묻어있는, 그 한恨 덩어리가 바다만큼 깊고 넓게 침잠해 있는 쓰라린 땅이다. 남해 고속도로를 신나게 달리는 버스 안에서부터 마음이 무거웠다. 〈보리피리〉로 유명한 한하운 시인의 험난했던 삶이 머릿속에 담담하게 그려져서다.

선생은 조선시대 때 선조삼대가 벼슬을 지낸 덕분으로

네 살 때부터 양복을 차려입을 만큼 생활이 여유로웠다. 어린 나이에도 음악과 미술에 소질이 뛰어났다. 일찌감치 예술인이 될 역량이 풍부했지만 중학교 오학년 때 자신이 문둥병이라는 것을 알았다. 비탄에 빠져 자신에게 '인간 폐업령이 내렸다.'라고 하는 표현까지 했다.

그나마 다행이었던 것은 음성 나환자였기에 겉으로 크게 표시가 나지 않았다는 정도였다. 그 시간도 길지 않았다. 집에 손님이오면 선생은 습하고 어두운 벽장 안에 숨어야 했다. 누구에게나 필수인 생리작용을 몇 시간씩 참아내야 하는 고초를 겪었다. 그런 와중에 어머니가 돌아가시고 맏상제의 소임도 할 수 없었다. 일가, 친척, 이웃들이 싫어 할까봐 여러 날 거리와 숲속을 배회하다 굶주림에 쓰러졌다. 밤이슬을 맞고 정신이 들었다니 참으로 가슴 아픈 일이 아닌가.

그러다 어느 순간 궤양이 심해 온몸을 덮쳐왔다. 선생의 회고록 〈나의 반생기〉 저변에는 그 슬픈 사연이 짙게 깔려 있다. 그것을 대변하는 〈전라도 가는 길〉이란 시에서 '가도 가도 붉은 황톳길/ 숨 막히는 더위 속으로 쩔름거리며 가는 길/ 신을 벗으면/ 버드나무 밑에서 지게 다비를 벗으면/ 발가락이 또 한 개 없어졌다. 앞으로 남은 두 개의 발가락이 잘릴 때까지/ 가도 가도 천리 먼 전라도 길' 소록도를 찾아가는 길에서 선생의 자국마다 피맺힌, 서러운 심정이 처절하게 나타난다.

모든 한센인들의 절망과 애통함이 집약돼 있다. 선생은 더위에 주황빛으로 익은 얼굴로 팍팍한 길을 걸으며 비지땀을 흘리고 생 발가락이 떨어져나갔던 것이다.

흔히들 문둥병은 살이 썩어 문드러지고 혈액을 통해 전염되는, 또 유전적 불치 병이라고 했다. 하여 그들의 인생은 소외와 고독의 나날로 점철됐다. 그런 중에 유전이나 천형의 병이 아니라고 노르웨이 세균학자인 한센 박사가 밝혔다. 단순한 전염병이라며 그의 이름을 따서 한센병이라고 명칭 하고 나병환자를 보호 치료했다. 또 외국인 수녀 두 분이 사십수 년간 수많은 환자들의 상처부위에 맨손으로 약을 발라주고 잔잔한 미소로 그들의 그늘진 마음을 어머니처럼 보듬어 주었다. 그분들의 높고 거룩한 온정이 한센인들의 삶에 희망이었고, 소록도를 밝힌 빛나는 등불이었다.

소록도의 바다는 맑다 못해 투명한 옥색 빛을 한 아름 안겨준다. 깨끗한 환경에 한센인들의 역사가 덧보태져 새로운 관광 명소가 된 셈이다. 중앙 공원 규모가 실로 엄청나다. 크고 작은 별의별 나무들이 무성하다. 지난했던 세월을 묵묵히 지켜온 소록도에 바치는 귀한 선물이랄까. 잘 가꾸어진 동산에 색색이 핀 꽃무리가 공원을 훤하게 밝히고 있다. 선득선득 불어오는 바람도 초가을 정취를 한껏 더해준다. 푸른 잎사귀 사이로 새하얀 얼굴을 내미는 애기 동백꽃이 마치 초록 강보에 쌓인 아기처럼 해맑다. 꽃잎만큼 여렸을 한센인들의 마음 같다. 뭉텅 떨어져 조신하게 누워있는 꽃이 더 많다. 그들이 절망의 나락에서 쏟아 낸 눈물일지 모르겠다는 엉뚱한 생각이 든다.

이곳은 일제 강점기 때 한센인들을 치료한다는 명분 앞에 인권 탄압의 상징인 섬이다. 그들을 감금하고 자유를 빼앗았다. 소록도의 역사를 전시해놓은 생활 자료관 검시실 앞에는 스물다섯 살 청년이 강제로 정관수술을 당했다는 애끓는 시 한편이 벽에 음전하게 걸려있다. '그 옛날 나의 사춘기에/ 꿈꾸던 사랑의 꿈은 깨어지고/ 여기나의 25세 젊음을 파열해 가는 수술대 위에서/ 내 청춘을 통곡하며 누워있노라'라는 시구에 이슬빛이 아롱거린다.

단종실과 감금실에는 말로 다 하지 못할 사연이 깊은 잠을 자고 있다. 겉으로도 차갑고 어둡다. 단종실 한가운데 어린아이가 누울만한 작은 침대에서 남자환자들을 정관수술 시켰고, 감금실에서 여성 환자들의 낙태수술이 자행됐다. 그들의 나약함이 아직도 움츠리고 있는 듯하고, 아예 빛을 못 본 인간의 존엄성도 바닥에 납작 웅크리고 있는 듯하다. 그 당시 더 이상 나병 환자를 발생시키지 않겠다는 정부의 방침이었다니 크게 나무랄 순 없다. 하지만 방안을 달리 할 대책이 따로 없었다는 게 못내 안타깝다. 그들의 천금 같은 인생을 앗아간 야박함은 무슨 변명으로도 통하지 않을 게 자명하다.

감금실에서 불안에 떨며 삶의 굴레에서 벗어날 탈출을 꿈꾸지 않은 환자는 없었으리. 작은 봉창 밖의 푸른 하늘 구경은 엄두도 못 냈을 게 뻔하다. 높은 봉창 너머 더 높은 담장이 턱 버티고 서 있기 때문이다. 그럼에도 도저히 뛰어넘을 수 없는, 그 벽을 더러 넘어간 환자가 있었다고 한다. 그들이 그만큼 절박했다는 것을 육중한 담장이 말해준다. 담장은 그때마다 일부러 조는 척 했는지도 모른다. 무작정 바다에 뛰어든 그들의 발이 뭍에 닿았을 리 만무했다. 저 서슬 퍼런 바닷물 따라 지망없이 떠날 때 하늘도 함께 울어주었을 것이다.

그들의 통곡이 바닷물에 서리서리 여울져 있다. 또 사슴처럼 긴 목을 빼고 뭍만 바라보며 삼킨 쓰라림이 바다에 질펀하다. 가족을 향한 그리움과 눈물이 쑥쑥 자라 밤하늘에 별이 됐음직하다. 그 별들이 밤바다에 무시로 내려와 남은 자의 아픔을 다독여 주었지 싶다. 그들에게 바다는 애증이 교차했겠지만 설움과 외로움을 떠나보내는 위안의 광장도 되었으리라.

지금 까치놀에 물든 바다가 넓은 황금 보리밭을 펼친다. 한하운 선생이 인간의 자유와 이상과 동경을 상징한 〈파랑새〉의 구슬픈 시 구절, 총총히 이랑을 만드느라 분주하다. 선생은 비극적 삶속에서도 문학으로 아픔을 승화시켰다. 바다만한 도량과 신념으로 세상을 바라보았던 선생의 너른

품이 바로 저 바다가 아니겠는가. 그 님이 보리 물결 속에서 우리 곁으로 절뚝절뚝 걸어오고 있는 환상에 젖는다.

날지 못하는 새여

지인의 음악 공연에 초대 받아갔다. 그는 아주 근사한 무대에서 모차르트 피가로의 결혼 중에 〈날지 못하리〉라는 노래를 불렀다. 경쾌한 음악과 조명에 들뜬 관객들 틈에서 나도 손바닥이 얼얼하도록 손뼉을 치며 흠뻑 빠져 들었다. 그래서일까. 부풀었던 마음이 좀처럼 가라앉질 않는다. 조명이 꺼졌을 때도 귀갓길 내내 까지도 그 선율과 음들이 계속 귓가에 맴돈다. 불현듯 올려다보는 하늘에 까만 새 한 마리가 날개 꺾인 새 마냥 푸드덕거리고 있다. 가마우지를 닮았다.

중국 계림 여행지에서였다. 잔뜩 기대한 마음으로 강에서 뗏목을 타고 무릉도원을 한창 즐길 때였다. 저만치 옆으로 지나가는 뗏목 위로 큼직한 검은 새가 물밑에서 물고기를 입에 물고 올라오는 장면에 일행 모두의 시선이 모아졌다. 제법 큰 물고기를 날쌔게 낚아챈 사공은 자랑삼아 두 손으로 번쩍 들어 흔들면서 포즈 취하기에 바빴다. 그러고는 물고기를 물 망태기 속에 쏙 집어넣었다. 의기양양하면서 회심의 미소를 짓는 사공의 넉살이 조금도 곱게 보이지 않았다. 관광객들은 특이한 그 장면들을 놓칠세라 연신 사진 찍는데 온통 신경 쓰는 것 같았다. 아니 가마우지의 슬픈 운명을 렌즈에 애써 담아냈다.

까만새 가마우지는 사공과 함께 뗏목을 유유히 타고가다 마치 의무를 다하는 군인처럼 물에 첨벙첨벙 잘도 뛰어들었다. 사공이 날아가지 못하게 긴 끈으로 가마우지의 발을 묶어 일정거리까지만 날 수 있도록 고정시켰다고 했다. 거기다 물속에서 잡은 물고기를 삼키지 못하도록 목 아랫부분에 끈으로 조아 놓았다니 너무 잔인하다는 표현 말고 할게 없다. 새에게 그보다 슬픈 일이 있을까. 새의 상징이 자유일진대. 물론 새끼 물고기는 목으로 넘기겠지만 허한 배를 채우기에 턱 부족일 것 같았다. 새는 양식을 비축해 두지 않는다고 하지 않던가.

가마우지는 검은 잿빛의 보잘 것 없는 물새다. 먹이를 통째로 삼키는 습성 때문에 혀가 거의 퇴화됐다고 한다. 구부러진 주둥이와 긴 목으로 물고기를 아주 재빠르게 잡는 재주가 있다. 이 속성을 이용한 계림의 낚시 문화랄까. 낚시

법이랄까 지독하다. 일종의 앵벌이 식이라는 생각까지 드는 것은 나로선 어쩔 수 없다. 오로지 주인을 위해 살아가는, 삶이 가련한 가마우지의 슬픈 운명은 진정 타고난 것일까. 그 강의 텁텁한 황톳물 속을 알지 못했듯 그 의문들이 아직도 강물처럼 내 가슴에 일렁인다. 날지 못하는 까만 새는 어둡고 칙칙한 저승사자 같은 옷을 벗어던지고 훨훨 날고 싶으리라. 그 몸부림이 젖은 몸의 물을 털어내는, 긴 날개를 푸드덕거리는 것이었는지도 모른다.

사뭇 다른 애완견 이야기를 해본다. 애완견은 대개 주인의 정성 속에 사랑을 많이 받는다. 식구들 중에 애지중지하는 순서에서 애완견이 세 번째이고 시아버지는 여섯 번째라는 우스개가 있을 정도다. 그러나 상당수 애완견이 사람의 편리에 의해 강제 성대 수술을 받았다고 한다. 도심에서 개 짖는 소리가 이웃 간의 피해를 준다는 게 이유라니 어쩔 수 없지만.

그래서 특별히 고안해 낸 것이 성대를 잘라내는 편법이었는지. 아무리 말 못하는 짐승일지라도 슬플 때와 아플 때 실컷 울고 싶을 것이고, 갑갑하고 억울할 때 큰소리로 울고 싶지 않겠는가. 이 또한 애완견한테는 얼마나 가혹한 형벌인가.

사람과 사람사이에도 이런 일이 비일비재하다. 먼 나라 사탕수수밭에서 죽도록 일만 한 노예들의 발을 묶은 것도 그렇고, 주인한테 한 푼 세경도 못 받은 일부 하인들 신세도 그랬다. 언제부턴가 사회 이슈가 된 갑과 을 사이에서도 그것과 버금가는 일이 종종 일어나고 있다. 흙 수저, 은수저, 금 수저란 말이 산불 번지듯 퍼지고 난 후 갑은 을한테 갑질이 더욱 심화된 것 같다. 황당무계한 일이 많아진다는 건 그만큼 사회가 삭막해 간다는 뜻이 아니겠는가. 이제 어느 곳에도 온풍지대는 없어지려나 보다.

중국은 손꼽을 수 없을 만큼 명산이 많다. 뛰어난 경관만으로도 관광 상품이 철철 넘쳐난다. 그 유명세에 천혜 절경을 담은 강과 호수의 유람이 세계 사람들에게 각광 받는다. 유람선과 뗏목을 타고 유유자적하는 재미가 그야말로 신선놀음이다. 그러고 보면 중국은 광대한 대륙에 무한한 자원으로 자연 덕을 어느 나라보다 더 많이 보는 셈이다. 계림관광이 그런 점에서 점입가경인 것으로 알고 있다.

계림에는 통상 산 위에서나 볼 수 있는 웅장하고 거대한 산봉우리들이 평지에도 우뚝우뚝 솟아있었다. 그것도 한군데가 아닌 ,시내 언저리 차도 변까지 펼쳐져 정말 신기로웠다. 그곳만의 특징이고 자랑인 산봉우리가 삼만 육천 개라고 했다. 봉우리마다 각기 다른 사연과 아픔이, 서열과 직위가, 나이와 이름이 있을 거라는 생각이 들었다. 그래선지 먼데서, 가까이서 자동차가 달리는 각도 따라 다른 모습과 느낌이 확연하게 달랐다. 그 봉우리의 높이와 덩치만큼 묘하게 들떴다가 커졌다가 하는 내 마음이 봉우리에 매료되어 마치 꿈을 꾸듯 황홀 했다.

해외여행의 진미는 나라마다 다른 토속적인 분위기와 강한 긍지, 특이한 문화를 접하는데 있다. 여기에 아름다운 경관까지 더해지면 여행의 묘미와 보람이 몇 배 더 크다. 계림 여행이 그렇다 해도 지향 없는, 뗏목을 타고 퍼드덕퍼드덕 몸부림치던 가마우지의 슬픈 그 날갯짓이 오랫동안 머릿속에서 떠나지 않는다.

날지 못하는 슬픈 새여….

용장골의 소나무

고소설을 배우던 중, 그 작가의 흔적을 따라 기행해 보기로 했다. 조선 전기의 작가인 김시습이 머물렀던 경주 남산 용장골에 들어서니 설잠교가 반겨 준다. 다리 밑으로 흐르는 계곡의 물도 반기는 듯 콸콸거린다. '설잠'은 세속에 타협하지 않고 고행길이지만 고고하고 청아한 승려로 살겠다는 의미의 김시습의 법명이라 한다. 설잠교가 남산에 김시습의 숨결이 숨 쉬고 있다는 언질을 슬쩍 준다.

저만치 높은 능선 위의 하늘에 탑 하나 구름처럼 둥실 떠 있다. 탑을 빨리 만나고 싶은 마음 가득해 온다. 용장골은 급경사에 돌 사각다리가 많다. 험준한 산길 탓으로 저 탑을 만나러 가는 길이 멀게만 느껴진다.

용장골에는 당찬 소나무가 대부분이다. 튼실한 소나무

둥치가 강한 기질을 보인다. 붉은 빛을 띤 둥치에는 오목조목 상형문자가 새겨진 듯 검은 줄무늬가 또렷하다. 참아온 말을 하고 싶은지 골진 선이 달싹거린다. 용장골의 사연이 각인되어 있을 법하다. 저들은 금강송도 부럽지 않다고 하는 것 같다. 기백이 넘친다. 하지만 소나무로서의 으뜸인 금강송에 품고 있는 연정은 어쩔 수 없으리라. 금강송은 궁궐과 천년 고찰의 대들보가 되어 죽어서도 영화榮華를 누리지 않는가.

언젠가 괘릉을 지키고 선 우람한 소나무를 보았다. 수분을 머금은 펀펀한 잔디 위라 마음 놓고 키를 키웠을까. 고개를 젖히고 올려 봐야 할 만큼 미끈하였다. 커다란 능 속에는 왕이 옥좌에 의젓하게 앉아 있는, 소나무가 왕에게 충성을 다하는 그런 그림이 그려졌다. 그 소나무는 능의 수문장이 되기 위해 이파리를 꼿꼿하게 날을 세우고, 덩치를 불렸을 것이다.

산 능선 칠팔 부쯤 왔을까. 이곳에는 쟁반 모양의 반석으로 쌓아 올린 삼층대좌 위에 결가부좌한 돌부처(삼륜대좌)가 있다. 돌부처는 조선시대의 숭유억불崇儒抑佛책으로 배척당했을까. 아니면 일제 강점기 때 문화 말살 정책의 명분 앞에 희생되었던지 머리 부분이 통째로 없다. 잘려나간 머리가 용장골 어딘가에서 제 몸을 찾고 있을 것만 같다. 그 혼백의 절규가 돌부처를 감싸고 있는 듯하다.

탑 옆의 바위 벽에는 마애석가여래좌상불이 미소를 짓고 있다. 함께 오랜 시간을 보내고 싶어질 만큼 다감하다. 유순한 여래좌상불은 이 돌부처를 수시로 위로해 줄 것이다. 좌상불과 짧은 만남의 아쉬움과, 돌부처에 보내는 애잔한 마음을 뒤로 하고 용장사지의 탑을 찾아 다시 산을 오른다. 숨이 턱에 찬다. 사방에서 뿜어내는 소나무의 정기가 힘을 실어 준다.

용장사지에는 석탑 하나가 외로이 서 있다. 골 아래서 바라보았을 때 능선 최고 봉우리로 보여 탑이 넘어질까 아슬아슬하였다. 그러나 탑이 서 있는 자리는 산꼭대기도 아니요, 너른 마당이다. 이 탑은 너럭바위를 하층 기단으로 삼고, 그 위에 상층 기단을 놓고, 옥신과 옥개를 얹어 쌓은 삼층탑이다. 탑에는 층층마다에 묵은 세월의 때가 켜켜이 앉아 있다. 세상 모두 품어 안은 탑은 사람들의 염원을 들어주었나 보다. 나도 탑돌이를 한다.

소나무 한 그루는 탑이 다칠세라 탑 쪽으로 온전히 자리를 내어주고 반달 모양을 하고 서 있다. 탑이 넘어질까 봐 마치 반쪽 몸으로 탑을 떠받들고 있는 형상이다. 탑은 부처의 무덤이라고 하지 않던가. 이 소나무를 탑의 각시라고 하면 어떨까. 그러고 보니 소나무의 솔방울이 탑의 자식인 양 외로움을 달래주느라 탑과 함께 하늘을 바라보고 있다. 이 소나무가 탑을 지키기 위해서라면 괘릉의 수문장인 그 소나무만큼은 아니어도 조금씩 몸집을 늘려나가야 될 것 같다.

조선시대 세조 때 김시습이 스물한 살 나이로 단종의 폐위를 비관하여 하고 있던 과거공부를 접고 방랑의 길로 접어들어 입산하였다. 그 후 경주 남산의 이 용장사에 오래 머물면서 다섯 편의 소설 〈만복사저포기〉, 〈취유부벽정기〉, 〈이생규장전〉, 〈남염부주지〉, 〈용궁부연록〉으로 구성된 ≪금오신화≫라는 최초의 한문소설집을 집필했다고 한다. 그는 시련과의 대결 의지를 소설 속에 나타냈다. 그의 한과 집념을 이 탑이 간직하고 있지 않을까. 그가 남긴 발자취와 충절忠節의 뜻을 기리느라 우뚝 솟은 탑 하나 남겨 놓았는지도 모른다.

김시습은 생육신이다. 그는 세 살 때 글을 읽었고, 다섯 살 때 소학, 중용, 대학을 익혔고, 여덟 살에 시를 지었다고 한다. 남달리 재주가 뛰어나 젊은 날 꿈도 컸으리라. 비록 그 꿈은 이루지 못했으나 나라를 향한 일편단심은 하늘만큼 높았을 성싶다. 속세와 단절된 삶을 하늘나라로 옮겨 가고자 했을까. 하늘과 가까워지려고 높은 산에서 한 많은 세월을 보낸 것만 봐도. 하늘이 그의 뜻을 눈치 채고 긴 세월 동안 삭풍과 된서리도 막아 탑이 튼튼하도록 지켜 주었을 것이다.

용장사는 어느 때 폐사됐는지 알 수 없다고 한다. 사지의 흔적으로는 이 탑과 절을 세웠던 표적만 남아 있을 뿐이다. 이 탑은 세월의 무게를 견뎌내고, 사지를 지키며 용장사의 역사만 고집스레 껴안고 있는 셈이다. 용장골의 된비알에 오르는 것이 힘들어 용장사에 인적이 뚝 끊어졌을 것 같다. 김시습의 "용장골 깊어 오가는 사람 없네."라는 시구를 봐도 그랬을 성싶다.

군데군데 바위에 크고 작은 홈이 파였다. 김시습이 소설을 쓰면서 생각들이 엉켜 풀어내느라 그랬던 것 같기도 하다. 어쨌든 파인 홈마다 그의 숨결이 묻어 있는 것처럼 느껴진다. 그는 이곳저곳 방랑과 환속을 거듭하다 충남의 외산(구 홍산) 무량사에서 쉰아홉에 생을 마쳤다. 그 곳에 있다는 그의 부도浮屠 앞에 술 한 잔 따라 놓으면 좋겠다는 생각이 든다.

경주 기림사에도 김시습의 영정이 놓인 매월당 사당이 있다. 오래 전 기림사에 갔을 때였다. 사당 입구에 선 두 그루의 어린 소나무가 반겨 주었다. 이왕이면 용장골의 당찬 소나무였으면 좋았을 텐데. 빈 마당에는 듬성듬성 난 잡초가 졸다 오소소 몸을 떨고 일어났다. 마당 귀퉁이에는 키 큰 빗자루가 비스듬히 누워 낮잠을 즐기고 있었고, 그의 영정에는 그가 보낸 방외생활 삼십팔 년이란 긴 통한痛恨의 옷을 겹겹이 입고 있었다.

소나무는 수백 년 명목이 되어 정이품송으로 이름표를

단 천연기념물도 있고, 명산마다 고찰마다 위풍당당 멋과 풍치를 지니고 있는 것도 있다. 용장골의 소나무는 키도, 덩치도 그것들보다는 많이 덜하지만 기상이 돋보인다. 김시습의 세한송백歲寒松柏과 문화유산을 간직하고자 하는 마음이 배어 있기 때문일 게다.

탑에 안긴 햇살이 재롱을 떤다. 햇살 위로 솔바람이 스치고 간다. 사람을 반기는 바람의 몸짓인가 보다. 탑의 각시라고 하고 싶은 이 소나무도 용장골에 묻어 두었던 이야기보따리를 풀어 놓는다. 사람이 몹시 그리웠던 모양이다.

■ 연보

1950년 경남 김해 출생

1993년 부산 경남전문대학 평생교육원(현 동서대학교)사회교육원 문예창작과 수필입문, 수업 2003년까지 수료

1995년 국제신문사 논픽션 우수상수상

2000년 수필과비평지 5, 6월호〈보리밭〉으로 등단

2006년 한국방송통신대학교 입학

2009년 첫 수필집《나무들의 왈츠》발간

2010년 한국방송통신대학교 국어국문학과 졸업

2010년 부산수필문인협회 제1회 올해의작품상수상

2013년 수필집 2집《엄마는 복덩이》발간

2015년 제18회 실상문학상우수상수상

2016년 부산수필문인협회 제7회 올해의작품상수상

2017년 수필집 3집《달도 밝다 보름달이거든》발간

2017년 부산수필문인협회 제8회 수필문학상우수상수상

2018년 제18회 수필과비평 문학상수상

2018년 현대수필가 100인선 선정

2018년 선집《무단히》

현대수필가 100인선Ⅱ · **40**
안경덕 수필선

무단히

초판 인쇄 2018년 12월 26일
초판 발행 2019년 1월 3일

지은이 안경덕
펴낸이 서정환
펴낸곳 수필과비평사 · 좋은수필사
주소 서울시 종로구 삼일대로 32길 36(운현신화타워 빌딩) 305호
전화 02)3675-5635, 063)275-4000 **팩스** 063)274-3131
등록 제 300-2013-133호
이메일 sina321@hanmail.net essay321@hanmail.net

ISBN 979-11-5933-202-9 04810
ISBN 979-11-85796-15-4 (전100권)

값 8,000원

이 도서의 국립중앙도서관 출판예정도서목록(CIP)은 서지정보유통지원시스템 홈페이지(http://seoji.nl.go.kr)와 국가자료공동목록시스템(http://www.nl.go.kr/kolisnet)에서 이용하실 수 있습니다.(CIP제어번호: CIP2019000100)